경남
산문
선

83

시간의 숨결 하루

윤진철
산문집

도서
출판
경남

시간의
숨결
하
루
윤진철 산문집

펴낸날	2023년 11월 9일
지은이	윤 진 철
펴낸이	오 하 룡
펴낸곳	도서출판 경남
주소	창원시 마산합포구 몽고정길 2-1
연락처	(055)245-8818, fax.(055)223-4343
블로그	gnbook.tistory.com
이메일	gnbook@empas.com
등록	제1985-100001호(1985. 5. 6.)
편집팀	오태민	심경애	구도희
ISBN	979-11-6746-122-3-03810

ⓒ윤진철

＊잘못된 책은 바꿔 드립니다.
＊저자와 협의 인지 생략합니다.
＊이 책은 경남문화예술진흥원의 문화예술지원을 보조받아 발간되었습니다.

〔값 13,000원〕

작가의 말

　도서관을 나서는 길에 하늘을 올려다보았다. 산등성이 너머에 별똥별이 떨어진다.
　오십 중반이 넘어서며 어릴 적 영혼과 만날 수 있는 순수함이 있었으면 좋겠다는 생각을 가져본다. 허투루 시간을 흘려보내서는 안 되겠다는 마음이 들었다.
　일기를 매일 쓰면 무슨 일이든 해낼 수 있는 용기가 생긴다는 말, 어린 시절 일기장이 생각났다. 하루도 거르지 않고 일기를 써 보겠다는 용기를 낸 지 수년이 되었다. 내가 걸어온 생의 무늬는 어떤 색이었을까. 시간의 숨결, 하루는 길다면 길고 짧다면 짧다.
　봄이면 피고 지는 꽃 한 송이가 예뻤고 여름밤 떨어지는 별똥별이 예뻤다. 어린 시절 꿈꾸어 왔던 봄날의 추억을 꺼내보며 한 자 한 자 써 내려간 일기가 눈 내리는 겨울을 맞이했다.
　별이 총총한 밤길에 현실의 세계를 걸어간다. 한계에 부딪혀 마음이 무너진 적도 있다. 어둠이 짙을수록 별은 더욱 선명하듯 작품집에는 사계절 우리 일상의 이야기가 수록되어 있다. 봄 여름 가을 겨울, 네 가지 색깔과 사색을 통한 자연의 영혼과 만나는 날이다. 페이지를 넘길 때마다 당신의 하루가 따스해졌으면 좋겠다.

　　　　　　　　　　2023년 11월. 별빛을 바라보며
　　　　　　　　　　윤진철

| 차례

작가의 말 · · · · · · · · · · · · · · · · · 3

제1장 봄_비

001 — 인연 · · · · · · · · · · · · · · · · · 14
002 — 봄꽃 · · · · · · · · · · · · · · · · · 15
003 — 사랑(愛) · · · · · · · · · · · · · · · 16
004 — 몽당연필 · · · · · · · · · · · · · · · 17
005 — 판단과 걱정 · · · · · · · · · · · · · 18
006 — 아버지란 · · · · · · · · · · · · · · · 19
007 — 삼월 · · · · · · · · · · · · · · · · · 21
008 — 상견례 가는 날 · · · · · · · · · · · 23
009 — 시작과 끝 · · · · · · · · · · · · · · 24
010 — 여유 · · · · · · · · · · · · · · · · · 25
011 — 기대 · · · · · · · · · · · · · · · · · 26
012 — 목표와 성공 · · · · · · · · · · · · · 27
013 — 자리 · · · · · · · · · · · · · · · · · 29
014 — 장인어른의 마음 · · · · · · · · · · 30
015 — 멸치 볶는 날 · · · · · · · · · · · · 31

016 — 어리석음 · · · · · · · · · · · · · · 32

017 — 슬기로운 회사 생활 · · · · · · · 33

018 — 나이 들어간다는 건 · · · · · · · 35

019 — 굽고 지지고 볶는 사랑 · · · · · 36

020 — 흔적 · · · · · · · · · · · · · · · · 38

021 — 지는 해를 즐기는 법 · · · · · · 40

022 — 일상의 시간 · · · · · · · · · · · 41

023 — 오늘이 힘든 그대 · · · · · · · 42

024 — 혼자 바쁘다면 · · · · · · · · · 43

025 — 그냥 하면 · · · · · · · · · · · · 44

026 — 마음 · · · · · · · · · · · · · · · 45

027 — 산책 · · · · · · · · · · · · · · · 46

028 — 숲 너머 · · · · · · · · · · · · · 47

029 — 백전노장 울 엄마 · · · · · · · 48

030 — 두려워 마라 · · · · · · · · · · 49

031 — 마음 · · · · · · · · · · · · · · · 50

032 — 방향 · · · · · · · · · · · · · · · 51

033 — 짐 하나 내려놓고 · · · · · · · 52

034 — 똥 · · · · · · · · · · · · · · · · 53

035 — 오월의 꿈 · · · · · · · · · · · · 55

036 — 평범하고 진실하게 · · · · · · 57

037 — 시간이 샘솟는 계절 · · · · · · 59

038 — 다 때가 있다 · · · · · · · · · · 61

039 ─ 꽃 피었네 · · · · · · · · · · · · · · · 62
040 ─ 단락 구분 · · · · · · · · · · · · · · · 64
041 ─ 바람처럼 · · · · · · · · · · · · · · · 66
042 ─ 글쎄요 · · · · · · · · · · · · · · · · 67
043 ─ 벗과 벗 · · · · · · · · · · · · · · · · 68
044 ─ 유채밭 풍경 · · · · · · · · · · · · · 69
045 ─ 시소 타기 · · · · · · · · · · · · · · 71

제2장 여름_태양

001 ─ 유월에는 · · · · · · · · · · · · · · · 74
002 ─ 하루 · · · · · · · · · · · · · · · · · 75
003 ─ 여름밤의 기억 · · · · · · · · · · · · 76
004 ─ 창밖은 흐림 · · · · · · · · · · · · · 77
005 ─ 비 내리면 · · · · · · · · · · · · · · 78
006 ─ 미움 · · · · · · · · · · · · · · · · · 79
007 ─ 산책길에 · · · · · · · · · · · · · · 81
008 ─ 반응하라 · · · · · · · · · · · · · · 82
009 ─ 때가 있다 · · · · · · · · · · · · · · 83
010 ─ 하지 · · · · · · · · · · · · · · · · · 84
011 ─ 규칙 · · · · · · · · · · · · · · · · · 85
012 ─ 건강검진 · · · · · · · · · · · · · · 86

013 ― 수필에 대하여 · · · · · · · · · · · · · · · 87

014 ― 중앙선과 실선 · · · · · · · · · · · · · · 89

015 ― 낮은 위치 · · · · · · · · · · · · · · · · · 90

016 ― 막막하다는 것에 대하여 · · · · · · · · · 91

017 ― 우중의 여인 · · · · · · · · · · · · · · · · 93

018 ― 늑대 같은 남자 · · · · · · · · · · · · · · 94

019 ― 달빛 비치면 · · · · · · · · · · · · · · · · 96

020 ― 뒷모습 · · · · · · · · · · · · · · · · · · · 97

021 ― 남자들만의 세상 · · · · · · · · · · · · · 98

022 ― 엄마 별 · · · · · · · · · · · · · · · · · · 99

023 ― 중요하다 · · · · · · · · · · · · · · · · · 100

024 ― 거리 · 101

025 ― 느긋하게 · · · · · · · · · · · · · · · · · 102

026 ― 마음먹기 나름 · · · · · · · · · · · · · · 103

027 ― 스트레스 · · · · · · · · · · · · · · · · · 104

028 ― 느림에 대하여 · · · · · · · · · · · · · · 105

029 ― 막내와 휴일을 · · · · · · · · · · · · · · 107

030 ― 화火와 단斷 · · · · · · · · · · · · · · · · 108

031 ― 구름 · 110

032 ― 집들이 · · · · · · · · · · · · · · · · · · 111

033 ― 변便의 솔직함 · · · · · · · · · · · · · · 112

034 ― 노년의 꿈 · · · · · · · · · · · · · · · · · 114

035 ― 눈물 · 115

036 — 한가로운 아침 · · · · · · · · · · · · · · 117

037 — 진행형 · · · · · · · · · · · · · · · · · · 118

038 — 화장실 수도꼭지 · · · · · · · · · · · · 119

039 — 마지막 날 · · · · · · · · · · · · · · · · 121

040 — 어머니 · · · · · · · · · · · · · · · · · · 122

041 — 마음 · · · · · · · · · · · · · · · · · · · 124

042 — 초석礎石 · · · · · · · · · · · · · · · · · 125

043 — 밑져야 본전 · · · · · · · · · · · · · · 127

044 — 기억 속으로 · · · · · · · · · · · · · · 129

045 — 어처구니없는 말도 숙제 · · · · · · 130

046 — 백합 · · · · · · · · · · · · · · · · · · · 132

제3장 가을_ 낙엽

001 — 잉크 자국 · · · · · · · · · · · · · · · · 134

002 — 늦은 출발은 없다 · · · · · · · · · · · 135

003 — 말도 그러하다 · · · · · · · · · · · · · 136

004 — 영화 같은 아침 · · · · · · · · · · · · 138

005 — 친구 · · · · · · · · · · · · · · · · · · · 140

006 — 나 홀로 집에 · · · · · · · · · · · · · · 141

007 — 할 수 있는 만큼만 · · · · · · · · · · 143

008 — 선 자리 난 자리 · · · · · · · · · · · · 145

009 ― 동기 부여 · · · · · · · · · · · · · 147

010 ― 인생의 겨울 채비 · · · · · · · · 149

011 ― 가을 썸남 · · · · · · · · · · · · 150

012 ― 가실 오는 소리 · · · · · · · · · 151

013 ― 어머니의 아들 · · · · · · · · · 152

014 ― 웃기는 남편 · · · · · · · · · · · 154

015 ― 말 같지 않은 말 · · · · · · · · 155

016 ― 그러려니 · · · · · · · · · · · · · 156

017 ― 바쁘다는 핑계 · · · · · · · · · 157

018 ― 말이 안 통하는 그대에게 · · 158

019 ― 쉬어봐야 삶이 보인다 · · · · 159

020 ― 시절 인연 · · · · · · · · · · · · 160

021 ― 쉼표와 마침표 · · · · · · · · · 161

022 ― 지나면 추억이다 · · · · · · · · 162

023 ― 감자 봤어 · · · · · · · · · · · · 163

024 ― 수행 · · · · · · · · · · · · · · · · 164

025 ― 회사와 이별 · · · · · · · · · · 165

026 ― 차례 · · · · · · · · · · · · · · · · 166

027 ― 밤 · · · · · · · · · · · · · · · · · · 168

028 ― 큰바람 · · · · · · · · · · · · · · 169

029 ― 공평한 삶이 있을까 · · · · · 171

030 ― 첫사랑 · · · · · · · · · · · · · · 172

031 ― 매 순간이 그리움 · · · · · · · 173

032 — 데드라인 · · · · · · · · · · 174

033 — 선택이라는 단어 · · · · · · 175

034 — 돌탑 · · · · · · · · · · · · 177

035 — 지갑 · · · · · · · · · · · · 178

036 — 목적지 · · · · · · · · · · · 180

037 — 부부로 산다는 건 · · · · · 181

038 — 행복이란 · · · · · · · · · · 183

039 — 비 온다 · · · · · · · · · · 185

040 — 시월은 신중하게 · · · · · 187

041 — 커피와 짜장면 · · · · · · 188

042 — 막걸리 한 잔 · · · · · · · 189

043 — 편백나무 · · · · · · · · · 190

제4장 겨울_ 눈

001 — 긍정 · · · · · · · · · · · · 192

002 — 자리 · · · · · · · · · · · · 193

003 — 아낌없이 주는 나무 · · · 194

004 — 감정 · · · · · · · · · · · · 196

005 — 조언 · · · · · · · · · · · · 198

006 — 여자의 일생 · · · · · · · 200

007 — 예단 편지 · · · · · · · · · 202

008 — 추억 · · · · · · · · · · · · · · · 203

009 — 쉬어 가는 길 · · · · · · · · · · · 204

010 — 은행 터는 날 · · · · · · · · · · · 205

011 — 눈치 없는 출근 · · · · · · · · · · 207

012 — 함께 · · · · · · · · · · · · · · · 208

013 — 책임과 의무 · · · · · · · · · · · 209

014 — 예비 사위 · · · · · · · · · · · · 210

015 — 능력 · · · · · · · · · · · · · · · 211

016 — 반반 · · · · · · · · · · · · · · · 213

017 — 울음 · · · · · · · · · · · · · · · 215

018 — 받아들이며 사는 삶 · · · · · · · 216

019 — 별빛 · · · · · · · · · · · · · · · 217

020 — 발령 · · · · · · · · · · · · · · · 219

021 — 운 · · · · · · · · · · · · · · · · 221

022 — 홀로, 그리고 함께 · · · · · · · · 222

023 — 평등과 공정 · · · · · · · · · · · 223

024 — 사는 게 공부 · · · · · · · · · · 224

025 — 가벼운 눈, 무거운 말 · · · · · · 226

026 — 정리 · · · · · · · · · · · · · · · 228

027 — 아내 생일 · · · · · · · · · · · · 230

028 — 냉장고 · · · · · · · · · · · · · · 232

029 — 상담 · · · · · · · · · · · · · · · 233

030 — 사색 · · · · · · · · · · · · · · · 234

11

031 — 가족여행 · · · · · · · · · 236

032 — 물처럼 부드럽고 여리게 · · · · · · · 238

033 — 여행의 깨달음 · · · · · · · · 239

034 — 기억과 기록 · · · · · · · · 240

035 — 크리스마스이브 · · · · · · · · 242

036 — 성탄절 · · · · · · · · · 244

037 — 전화기 이야기 · · · · · · · · 246

038 — 막내와 조경작업 · · · · · · · 248

039 — 잘난 체하지 말기 · · · · · · · 250

040 — 미련두면 미련한 일 · · · · · · · 252

041 — 마음 맞추기 · · · · · · · · 254

042 — 다짐 · · · · · · · · · 256

043 — 실수해도 괜찮다 · · · · · · · 257

044 — 기적 · · · · · · · · · 259

045 — 은퇴 준비는 마음다짐 · · · · · · 261

046 — 말조심 · · · · · · · · · 263

047 — 모정 · · · · · · · · · 264

048 — 아내의 언어를 이해하는 법 · · · · · · 266

049 — 말과 침묵 · · · · · · · · 267

050 — 하루가 아름다운 당신 · · · · · · 269

051 — 회색지대 · · · · · · · · 271

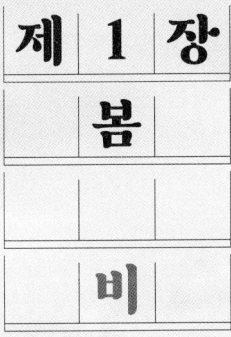

제 1 장
봄
비

001
인연

오고 가는 만남 속에 마음으로 세상을 바라볼 수 있는 사람이 몇 있겠습니까.

짧은 세상살이라지만 길게 볼 일입니다.

"세상에는 성공해도 잃는 것이 있고 실패했음에도 얻는 것이 있다고들 합니다."

인연이란 마음이 통하는 이에게 한 발짝 다가서는 것인지도 모를 일입니다.

적어도 남 탓하며 시간을 소비하는 일은 없어야 할 것입니다.

생각해보면 인연으로 다가설 수 있는 만남은 소란스럽지 않았습니다.

고요하게 이어지고 조용히 다가옵니다.

002
봄 꽃

봄꽃 피었습니다.
인적 없는 산기슭에 진달래꽃 피었습니다.
산골짜기마다 연분홍 몽우리 피워냅니다.
풀도 나지 않는 벼랑에.
아무도 찾는 사람 없는 깊은 산 외딴 길섶에.
바람을 안고 메마른 가지마다 봄기운을 불어넣습니다.
봄의 길목에 핀 전령화. 때를 기다려 어김없이 봄을 피워냅니다.
딸아이 닮은 진달래. 그래서 더 예쁩니다.
 꽃도 피는 시기가 있습니다. 사람도 때가 있을 터입니다.
기다릴 줄 아는 참꽃. 분홍 빛깔 꽃가지 넌지시 바라봅니다.
한 계절의 아름다움입니다.
한나절의 여유로움입니다.

003
사랑(愛)

놓아두어도 이루어질 인연은 마음으로 연결됩니다.

세상살이, 다 거기서 거기일 것입니다. 생각이 다른 이에게 억지로 마음 맞추려 힘들어 하지 마세요. 그러려니 하고 살다 보면 꽃 피는 봄이 옵니다. 뻐꾸기 우는 여름날 한가한 시간도 올 터입니다.

평범한 일상, 내 안에 인연을 헤아리고 무심히 맞을 준비를 하십시오. 있는 그대로 오가는 인연을 찬찬히 살피십시오. 내가 선 자리에서 분별하려 말고 하루하루 조화롭게 살아보세요.

고요하게 이어지고 조용히 다가옵니다.

우연(偶然)히 다가온 사람, 인연(因緣)이 되어 연인이 됩니다.

004

몽당연필

인생은 몽당연필처럼 살아가는 것이다. 심이 닳아 없어질 때까지 삶이라는 공책에 쓰고 그리며 자기 책무를 다하는 것이다. 살다 보면 하기 싫은 일, 귀찮은 일 한두 가지쯤은 늘 있기 마련이다. 누구에게나 힘겨운 순간이 있다.

가난했던 시절, 볼펜대에 끼운 자그만 몽당연필 하나. 성공이 뭘까. 우리 모두 노력했다. 문제는 연필의 길이가 아니었다. 그 연필로 무엇을 쓰느냐에 있었다. 어떤 꿈을 그리느냐에 달려 있었다.

내게는 오랜 습관이 하나 있다. 출근하면 차 한 잔을 옆에 두고 하얀 종이에 점 하나를 찍어본다. 그러고는 오늘 할 일을 기록한다. 힘겨워도 하얀 백지 위에 자신과 담대하게 마주한다. 괴롭고 힘들어도 내게 남은 시간과 무엇을 위해 살아가는지 깊이 헤아려 보아야 한다.

삶은 상대적이다. 헐떡이며 쫓아가는 일등보다는 주위도 둘러보고 콧노래 부르며 살아가는 꼴찌가 부러운 순간도 있다.

나이 들수록 걸음을 늦추어야 한다. 한발 앞서려고 기 쓰고 뛰지 말고 여유롭게 걷는 날도 있어야 하지 않을까.

하루가 힘든 그대, 잠시 한숨 돌렸으면 좋겠다.

005
판단과 걱정

판단은 어렵다. 우매한 사람이 누구를 판단하겠는가.

어느 누구도 세상의 흐름을 이해하기란 쉽지 않다.

어떻게 보면 시절의 판단은 옳고 그름도 없을 것이다.

모든 일련의 일들은 사람이 만든 것이니 시간 지나고 세월 흐르면 해결될 터이다. 크게 만들면 큰일이 되지만 큰일도 조바심 내지 않으면 쉽게 풀린다. 될 일은 다 되게 되어 있다.

걱정 마라. 별것 아니다.

006

아버지란

    비가 내린다. 낙엽을 토닥토닥 두드리며 봄을 재촉하는 비가 내린다.

    메마른 대지에 해갈이 될 만큼의 양은 아니지만, 비가 내리는 날은 사람이 '센티멘털'해진다. 오후에 큰아들이 진해 해군교육사령부 앞이라며 전화가 왔다. 이제 훈련 들어간다고 아버지에게 안부 전화를 하는 모양이다. 마음이 짠하다. 스무 살이 넘으면 믿고 맡기고 참고 기다려 주라고 했는데 스물일곱이 되었는데도 쉽지가 않다.

    아버지 생각이 난다. 내가 속초에서 군 생활을 할 때 편지 겉봉에 적힌 주소 하나 들고 부대를 찾아오신 아버지. 고령 산골에서 완행버스만 수차례 갈아타고 자식 얼굴 보겠다며 이틀을 꼬박 헤매었다고 한다. 배움의 끈이 짧으셨던 당신이었지만 '사서함ㅇㅇ'이라고만 적힌 주소를 군부대마다 들러 초병에게 물어물어 찾아오신 아버지셨다.

    여관방에서 하룻밤을 보냈다. 말수가 적었던 내가 아버지와 깊은 대화를 나눠 본 적은 많지 않다. 스무 살 넘어 아버지와 같이 시간을 보냈던 하루는 너무나 짧았다. 짧은 만남 뒤에 찾아오는 이별, 돌아서시던 아버지 눈가에 이슬방울이 햇살에 반짝였다. 좀처럼 자식 앞에서 눈물을 보이지 않으셨던 아버지였다.

그게 아버지와 마지막 밤이 될 줄 꿈에도 몰랐다. 돌아가는 길 아버지는 울고 또 우셨다고 한다. 마지막을 예감하셨을까. 생각해 보면 부모 자식 간의 관계를 푸는 일은 많은 노력을 필요로 하지 않는다.

아버지 손을 잡고 걸었던 속초 시가지. 거칠고 따뜻한 촉감. 오십 후반이 되어도 아버지 손을 맞잡았던 기억은 지금도 생생하다. 그땐 몰랐다. 나도 아버지가 만들어준 그늘이 있었다는 걸.

아버지가 보고 싶은 날이다.

007
삼 월

비가 내린다. 삼월은 봄이 오고 만물이 생동한다. 봄이 오기를 목이 빠져라 기다리는 이도 있다.

지치면 지고, 미치면 이긴다는 말이 있다. 머잖아 온 천지에 꽃들이 필 것이다. 철 따라 꽃을 피운다는 것은 신비하고 아름다운 일이다.

내 주위를 보면 일에 파묻혀 사는 사람들이 있다. 물론 나도 일에 몰두하면 시간 가는 줄 모르고 일에 파묻힌다. 요즘 후배들이 말하는 '워라밸'을 지키지 못해 미움을 받는 피곤한 스타일인지도 모르겠다. 개인적으로 생각해도 이제는 하나둘 놓아야 할 단계인데 그러지 못해 늘 후회한다.

봄이 오면 꽃이 피었는지, 휘영청 밝은 달을 바라보며 여유를 가질 만도 한데 쫓기듯 또 하루를 보낸다.

내일은 화장실 바닥에 누수가 있어 방수공사를 해야 한다. 오후에는 아내와 비닐을 이중 삼중으로 설치했다. 소파와 사진, 작은 방 들어가는 문을 비닐로 덧대고 테이프로 붙였다. 먼지가 들어올 만한 장소는 모두 비닐로 꽁꽁 봉했다. 해놓고 보니 비닐하우스 같다.

먼지 한 점이 쌓여 흙이 되고 먼지처럼 조용히 내려앉아 흙으로 돌아가는 게 사람 아닐까. 맑고 밝은 세상에는 먼지가 보이지만 어두운 세상은 먼지가 보이지 않는다.

한 줄기 햇살 사이로 먼지가 비행을 하듯 소리 없이 내려앉았다. 먼지 한 점과 한 사람, 우주에서 본다면 같은 이치이지 않을는지.

008

상견례 가는 날

바람이 몹시 부는 아침이다. 머리카락이 이리저리 날린다. 이마 앞으로 내려온 머리카락을 쓸어 올리며 문득 하늘을 올려다보았다. 눈앞에는 빗방울이 떨어지는데 먼 산에는 햇볕이 따사롭게 내리비친다. 분간할 수 없는 일기다.

예비 사돈을 만나러 가는 길이다. 만감이 교차한다. 큰아이가 성장해서 혼사가 오간다. 잦은 발령에 격오지를 오가며 딸아이와 함께한 시간을 생각하니 벌써부터 마음이 아리다. 바람이 불면 땅의 기운은 이동을 한다. 새로운 만남, 생기가 넘친다.

딸아이가 이제 우리 가족 곁을 떠난다니 마음이 공허해진다. 높은 담을 넘고 고된 길을 걷느라 옆을 돌아볼 겨를이 없었다. 그래서 바람 부는 대로 흘러간다고 이야기하는가 보다. 오늘 아침은 유난히 힘찬 바람이 분다.

이 바람이 행복을 소원하는 아버지의 바람으로 마음이 이어졌으면 좋겠다. 세월이 흐르고 있음을 느낀다. 오월 첫날, 바람 속으로 큰아이의 여름이 다가오고 있다.

009
시작과 끝

노력하지 않아도 누구에게나 공평하게 찾아온다. 누가 비키라고 하지도 않고 경쟁도 없는 마지막 장소이다. 아무리 위대한 사람도 분명히 맞이한다. 내가 존경하는 아버지도 그랬다.

물끄러미 동그란 봉분을 쳐다본다. 무덤 앞에서는 숙연해진다. 삶은 허무하다고들 하지만 곱씹어보면 그렇지만도 않다. 인내심이 생긴다. 한참 있다 보면 어릴 적 아버지께서 사 남매에게 베푼 사랑, 꾸지람이 그립다. 그 사랑을 타고 우리 아이들의 모습도 스쳐 지난다. 살아갈 힘, 용기가 솟구친다. 포기하고 절망하는 걸 아버지는 원치 않으실 거다.

삶과 죽음은 시작과 끝이다. 무덤덤하게 생활하다 보면 좋은 날도 있을 터이다. 환하게 웃으며 만날 시간, 그 시간을 기다리며 발길을 돌린다. 마음이 지치면 아버지를 찾아간다.

삶의 끝자락에는 시작이 있다.

010

여 유

마음 편히 쉴 여유가 없다고들 한다. 살다 보면 우여곡절 없는 사람이 없는 듯하다. 한 치 앞을 볼 수 없는 뿌옇게 안개 낀 날도 있고 주체할 수 없는 슬픔이 몰려오는 날도 있다. 하염없이 쏟아지는 눈물처럼 비 내리는 날도 있고, 내 인생에 이런 날도 있구나 싶은 기분 좋은 날도 있다. 맑고 햇빛 쨍한 날이 계속되지 않는다는 진실, 자연 앞에서는 한없이 작아지는 게 사람일 것이다.

퇴근길에 명심보감 인문학 성심편省心篇을 들었다. 과거의 일은 밝기가 거울과 같고, 미래의 일은 어둡기가 칠흑과 같다고들 한다. 마음을 살펴야 한다는 말이 아닐는지.

좋을 때가 있으면 나쁠 때도 있다. 눈앞의 일에 자신을 바치는 일은 가급적 삼가야 하지 않을까. 드러내려 하지 말고 마음 편히 가져야겠다는 생각이 든다. 단순하고, 단조롭게.

다가오지 않은 일에 너무 애쓰지 않았으면 좋겠다.

011
기 대

마음에 품고 있는 희망 사항. 우리는 어떤 일을 하면서 기대했던 일이 이루어지길 소망한다. 내게도 기대를 했던 시간이 있다.

앞날을 모르고 살아가듯 예술이란 두 글자가 막연하게 다가왔다. 난 시력을 잃어가는 나이가 되어서야 매일 일기를 쓰고 작가의 꿈을 꾼다. 물론 이루어진다는 기약은 없다. 꿈속의 나는 행복하다.

꿈이 꿈으로 끝나지 않길.

012
목표와 성공

 십 분만 걷고 출근하겠다는 마음으로 산책을 나선다. 걷다 보니 바닥에 떨어진 은행 열매가 보인다. 아직 채 영글지도 않은 푸른 열매. 간밤에 몰아친 바람을 견디지 못하고 손을 놓았는가 보다. 어미 같은 나무의 젖줄, 수관을 놓아버린 푸르고 여린 씨, 가을이 되면 살굿빛으로 열매를 맺을 터인데. 어쩌면 은행나무는 어제가 가장 행복한 날이었을지도 모를 일이다.
 목표를 높이 가질 필요는 없다. 거창하지 않아도 된다. 하루에 할 수 있는 작은 일, 일주일 안에 이루어질 수 있는 소망부터 시도하는 것이다. 직장생활에서 성공이란 높은 자리에 오르는 것이다. 대개의 사람이 그렇게 생각한다. 그렇다 보니 직장생활을 하다 보면 인과관계에 얽히지 않을 수는 없다.
 사람에게 연연해하지 말아야 한다. 가까운 사람에게 휘둘리고 감정을 소모하는 일은 피해야 할 것이다. 너무 큰 기대는 실망으로 돌아올 수도 있기 때문이다.
 직장에서 만나는 이들은 잠깐 스쳐 가는 인연이다. 짧게는 몇 년, 길게는 수십 년을 함께하며 개중에 친구로 발전하는 동료도 있지만 대개는 이해관계로 만났다 헤어진다. 오십 중반이 넘어서야 깨달은 점은 대부분의 사람은 아무도 나의 성공을 바라지 않는다는 것이다. 달리 표현하면 남의 일에 그다지 신경을 쓰지 않는다는 것이다. 관심도 없다. 따라서 나의 성공과 실패를 굳이 남에게 보일 필요는 없다. 어쩌면 삶은 고독한 것이고 사람은 결국 홀로 왔다 홀로 떠나는 존재이기 때문이다. 성공은 내 안의 또 다른 나와 여행을 하며 잘 살다 떠나는 것이다.

마지막 날까지 공부하며 나를 알아 가는 것이다.

013
자 리

한적한 시간이다. 내일도 여기 책상에 앉으면 좋겠다. 십 년 후에도 이 책상에 앉아 글을 쓸 수 있었으면 좋겠다.

자리가 사람을 만든다는 말이 있다. 자기가 있어야 할 자리. 모든 사람은 자기가 있어야 할 자리를 찾는 게 중요하다. 산다는 건 머물러야 할 자리와 머물고 싶은 자리를 알아차리는 것이라 한다. 세월 흐르면 모든 게 잊힌다고 하지만 영혼이 흔들리는 자리에 머물러서는 안 될 것이다.

자리에 연연해하지 않는 사람도 있지만 어쩌면 마지막으로 찾아가는 자리는 자연이지 않을까.

'범부가 물처럼, 바람같이 산다는 건 어려운 일이다.'

014

장인어른의 마음

부지런한 아버지의 성실함에 7남매는 배고프지 않은 유년을 보냈습니다. 어쩌면 당신께서는 자식들 굶기지 않는 게 살아가는 목적이지 않았을까요. 그 일이 습이 되어 버렸습니다. 이제 농사일을 그만해도 될 법도 한데 눈뜨면 손을 놓는 법이 없습니다.

장모님 떠나시자 봄비가 내립니다. 빗길 따라 먼 길 거슬러 오르고 있는 중인지도 알 수 없습니다. 얼마나 먼 거리를 걸어갔을까요. 아마도 하늘 중턱 어디쯤에선가 내려다보고 있을지도 모를 일입니다.

눈뜨면 당연히 있어야 할 내 아내가 없습니다. 60여 년을 함께 해 온 옆지기가 사라졌습니다. 봄비 내리는 날 아침녘은 분주합니다. 출근길 늦을까 봐 이곳저곳 찾아다니며 살뜰히 챙겨주던 아내를 찾아 두리번거립니다. 어디로 가버렸을까요. 안산 밭으로 나가 불러도 대답이 없습니다.

자식들에게 내색하지 못하는 마음, 외로움입니다. 세상살이 짧게 산 사위가 입장 바꿔 생각해 봐도 일하지 않고는 이겨내지 못할 시간입니다. 잊을 수 없는 추억들입니다. 봄비 맞으며 일하는 아버지, 마음이라도 시원해졌으면 좋겠습니다.

015
멸치 볶는 날

아내가 멸치를 볶고 있다. 열을 가한 후 프라이팬을 달궈 간장 한 큰술, 설탕 두 큰술, 마늘에 갖은 양념을 넣고 졸이고 또 졸인다.

산다는 건 어쩌면 멸치를 졸이는 과정과 닮았다. 살다 보면 열 받고 화나는 일이 어디 한두 번이랴. 때로는 멸치 볶이듯 중간에서 어정쩡한 일을 겪으며 난처한 상황에 직면할 수도 있다. 삶은 것도 아니고 구운 것도 아닌 맛. 멸치는 우리집 통용어로 고래 고기다.

아내는 인생이라는 프라이팬에 사랑 한 큰술, 애정 두 큰술을 넣고 멸치를 볶고 행복을 졸이고 있다. 짭조름한 냄새가 거실 문턱을 타고 넘는다. 요즘 아내는 나의 늦은 귀가에 멸치 비늘처럼 신경이 곤두서 있다.

멸치 볶는 날은 나도 덩달아 볶일 것 같은 예감이 든다. 이런 날은 슬그머니 자리를 피하는 게 상책이다.

"행복의 메타포, 지천명이 넘어도 나는 여전히 아내의 멸치 볶는 모습이 사랑스럽다."

016
어리석음

　돌이켜보면 세상 물정 모르고 걸음마를 뗐을 때가 행복한 시절이었다. 먹을 것 걱정, 입을 것 걱정, 살아갈 걱정이 없었던 때. 한 발짝 뗄 때마다 박수를 받곤 했다.
　울 엄마 젖가슴을 물고 눈맞춤하던 평화로운 시간은 이제 두 번 다시 오지 않을 터이다. 어른이 된 후에 아기 때 박수 받으며 자란 게 새삼 감사할 따름이다.
　진달래 지고 나서야 봄이었음을 느끼는 어리석음을 깨닫는다. 병원 검사를 하며 말라붙은 엄마 젖가슴을 보니 눈물이 난다.
　모든 일에는 시기가 있다고 하는데 더 늦기 전에 말해야겠다.
　"엄마가 있어 행복했습니다."
　때를 놓쳐버리면 다시 돌이킬 수 없는 것이 있다.

017
슬기로운 회사 생활

한때 회사는 내 인생의 전부였어. 지금도 변함은 없어. 팔십구 년도 입사해 삼십여 년을 통신회사에 다녔으니 제법 긴 시간이었지.

회사에 다니다 보면 조직을 사랑해야 할 순간이 다가와. 우린 이걸 주인 정신이라고도 하지. 내가 회사를 사랑하면 회사도 나를 사랑할 것이라고. 회사에 감사한 마음은 가지되 기대는 하지 마. 슬퍼져. 맹목적으로 짝사랑하면 안 돼. 일방적인 짝사랑은 가슴 아픈 일이 될 수도 있으니까. 생계 수단인 급여를 받기 위한 생각으로 회사에 다니면 출퇴근길이 괴로워. 아마 지옥 같을 거야. 서글퍼지지. 그렇다고 회사에 절대 매달릴 필요는 없어.

회사, 그냥 내 삶의 일부분이고 내 인생의 가르침을 주는 학교라 생각해. 초등학교를 입학해 고등학교 졸업까지 십이 년, 육성회비에다 등록금 내며 공부한 시절이 있었지. 이후 삼십 년을 넘게 장학금을 받고 공부하고 있어. 장학금 남은 돈으로 아이들도 공부시켰어. 집도 사고, 차도 사고. 가끔 휴가비도 나온다. 어느 학교에서 장학금을 그렇게 많이 주냐고. 회사라는 학교에서 주지. 생각을 바꾸면 행복해져.

회사는 연말이 다가오면 고과라는 것을 주지. 사절해도 계속

줘. 누군가에게는 받고 또 누군가에게는 줘야 해. 등급별로 비율을 정해서 균등하게 배분해. 어느 순간부터 고과 점수에 연연해하는 내 모습을 바라보았어. 내 마음을 속이긴 싫었어. 승진하고 싶지 않은 사람은 없을 테니까. 회사 생활에 잘 길들여진 내 모습, 탄식이 터져 나왔어. 고과 점수가 인생 전부는 아닌데 말이야.

연말 낮은 인사고과에 진급이 밀려 좌절한 때가 있었어. 이후 한동안 인사고과 점수에 연연해하며 해바라기처럼 윗사람만 보고 일했지. 사람이 사람을 숫자로 평가하는 세상은 마음이 작아지고 조급해지는 것 같아.

오십 중반쯤에 지난 시간을 돌이켜보니 회사 생활은 미련 없이 눈치 보지 말고 하는 게 상책이야. 과감히 내 생각을 말하고 한 가지라도 배운다는 생각을 가지고 출근하면 스트레스도 적게 받더라. 출근하고 싶은 마음이 들면 나도 성장하고 회사도 성장하고 동반성장하는 거지. 근데 마음처럼 쉽지는 않을 거야.

그래도 난 행운아야. 직업 하나로 반평생을 버텨 왔으니. 단 한 가지 조심해야 할 게 있어. 월급에 익숙해지다 보면 스스로 할 수 있는 게 별로 없더라. 퇴직이 코앞인데 말이야. 명심해. 회사가 개인의 평생을 지켜주지 못한다는 사실을 마음에 품고 다녀.

'사직서를 마음에 품지 말고.'

018
나이 들어간다는 건

　이팝나무, 돌배나무에 하얗게 꽃 피었다. 세월 지나면 자연은 꽃 피우고 어우러지는데 그저 사람만 변할 줄 모른다.
　꽃이 예뻐 보이면 나이 들어간다는 징조라는데. 뭐 해놓은 것도, 아무것도 이루어 놓은 것이 없는데. 길가에 핀 꽃만 눈에 들어오니 큰일이다. 마음이 심란하다. 저녁을 먹고 책상에 멍하니 앉아 있는데 아들 녀석이 산책하러 가자고 한다. 보고 있자니 마음이 쓰였나 보다. 벌써 아버지 마음을 알아차리는 나이가 되었나 보다.
　자식이 무엇인지. 한세상 살다 보니 아비 마음을 헤아리는 오늘 같은 날도 있구나.

019

굽고 지지고 볶는 사랑

명태전 굽는 날이다. 제례 또는 명절 차례상에 빠지지 않고 오르는 부침개, 그중에서 난 명태전을 좋아한다. 팬에 기름을 적당히 두르고 달궈지면 불을 줄이고 계란물을 입힌 동태를 손으로 가지런히 올려놓는다. 기름 튀는 소리가 비가 내리듯 요란히 들리면 중불로 낮춘다. 명태를 뒤집어 놓는다. 노릇노릇하고 반지르르하게 윤이 난다. 고소한 냄새가 진동하면 입에 침이 고인다.

날씨가 흐린 날은 기운이 가라앉는다. 더구나 비가 오면 찌짐에 막걸리 한 잔 생각이 나곤 한다. 아부지도 찌짐을 좋아하셨다. 잔치가 있는 날이면 육전, 어전, 소전 그중에 명태전을 즐겨 드시곤 했다. 어릴 적 날씨가 우중충한 날에는 대파를 뽑아 다듬고 쪽파를 잘게 다져 간장을 만들고, 또 한쪽에서는 찌짐을 굽곤 했다. 웃음소리가 담장을 타고 넘으면 이웃집 숙이 아지매 고소한 냄새를 못 이겨 우리집으로 찾아오곤 했다.

"이 집에 잔치하나."

한 손엔 막걸리 한 병 들고 또 한 손엔 묵은지 한 포기 썰어 대접에 담아 사립문 앞에서 목청을 높이셨다.

산다는 건 지지고 볶는 일이다. 비단 음식에만 해당하는 게 아니다. 어느 날은 엄마가 아부지에게 지지고 볶고 맹공격을 퍼부었다. 읍내 장터에 다방 마담과 소곤대며 이야기하는 걸 봤다는 말을 전해 들은 것이 화근이었다. 아니라고 발뺌하는 게 남자들의 상책이지만 빠져나오지는 못했다. 대파 뿌리처럼 하얗게 질려 고래고래 소리 지르는 엄마에게 아부지는 대파당하셨다. 그날 아부지는 화에 못 이겨 생선 뒤집듯 돌아누워 한숨을 쉬곤 했다.

육십의 젊은 나이에 생을 마감하셨지만 검은 머리가 파뿌리 되도록 살아온 아부지다. 어쩌면 인생은 굽고 지지고 볶고 사랑하는 거다.

때론 청명한 하늘처럼 바삭한 날도 있지만 말이다.

'산다는 건 그런 거다.'

020
흔 적

한세상 살면서 무엇이라도 하나 남기고 싶은 마음은 자연스러운 행동 아닐까. 사람으로 태어나 한평생을 마무리할 즈음이면 누구라도 흔적을 남기고 싶어할 것이다. 그것이 크든 작든 어떤 형태, 어떤 방법으로든 나이 들면 고심하게 된다.

글 한 편, 그림 한 점, 시 한 수, 예술적인 부분도 있지만 봉사활동으로 남을 행복하게 하는 대인도 있고 또 어떤 사람은 커다란 업적과 명예를 중요시하는 이들도 있다. 삶을 마무리하는 흔적들이 산자락마다 봉긋 솟아 있다. 비석을 세우고 이름을 새겨놓고 철마다 후손들이 찾아와 벌초하고 제를 지낸다. 어쩌면 부질없고 후손들에게 짐이 되지 않을까 생각해 본다.

살아오면서 무엇을 남겼을까. 남긴 것이 마땅히 생각나지 않는다. 앞으로의 남은 시간, 어떤 것을 남기고 떠나야 할지 고민스럽기도 하다. 생각해 보면 돈을 모으려는 것도 욕심 아닐까. 자식에게 무엇을 남겨줄지 고민만 하지 않으면 마음을 편히 가질 수 있는 부자라고 본다. 자식은 스스로 삶을 개척하며 살아갈 수 있도록 적당한 거리를 두는 게 좋다. 아이들에게 무관심해지라는 것은 아니다. 단지 자립할 수 있는 용기와 의지를 심어줌으로써 그들

스스로 어려움을 딛고 일어서는 게 중요하다고 본다. 힘겹게 걸어온 그들의 생을 뒤돌아봤을 때 행복감을 느낄 것이다. 내 마음 편하게 하자고 자식의 행복을 빼앗는 부모는 되지 말아야 할 것이다. 자식과 영원히 함께할 수는 없다. 한편으로는 부모가 세상을 떠났을 때 오히려 감사할 것이다.

오십 넘어서니 세월 가는 속도가 신작로에 버스 지나가듯 '휙휙' 스쳐 지나간다. 직장 생활을 돌아다보니 무수히 많은 일들이 일어난 것 같긴 한데 내가 해놓은 일들은 별로 없는 듯하다. 결혼하고 아이 셋 키우느라 정신없이 달려왔다. 문득 걸음을 멈춰보니 거울 안에 흰머리 성성한 중년의 남자가 나를 바라보고 있다.

시간은 흘러가는 것이 아니라 내가 쓰고 보내는 것이라 했다. 시간을 아껴 쓰라는 말이 있지 않은가. 어찌 생각해 보면 나이 든다는 것은 여유로움이다. 나이 들수록 속도는 더해질 것이다. 얼마 있지 않으면 달리는 것을 멈추고 싶지 않아도 자연의 무정한 법칙은 나이로 우리의 질주를 가로막을 것이다.

나지막한 산 아래 기차가 힘겹게 고개를 오르고 있다. 멈추지 않고 철길을 천천히 내려갔으면 좋겠다.

021
지는 해를 즐기는 법

인생에 없는 것들이 있다. 세상 살아갈라치면 공짜도 없고 비밀도 없고 정답도 없고 오답도 없다.

별로 중요치 않은 일에 시간 낭비하지 말고 마음에 들지 않는 사람 때문에 감정 소비하지 말아야 한다.

나이 든다는 것은 자연스러움이다. 노후대책, 죽음에 관해 지나치게 생각하면 오히려 삶에 독이 된다. 연륜이 쌓인다는 건 여유가 있고 주위를 돌아볼 수 있다는 것이다. 천년만년 살 수 있을 것 같지만 그렇지도 않은 게 세상살이다. 지는 해를 바라보는 건 생각보다 훨씬 근사하다.

세상과의 타협보다 나와의 적당한 타협이 필요한 시기이다.

022
일상의 시간

　사람을 힘들게 하는 건 멀리 있는 사람이 아니다. 아침에 눈뜨면 옆에 있는 가족, 출근하면 앞자리에서 마주하는 동료, 늘 가까이 있는 사람들이다.
　우리는 작은 행동에 위안받기도 하고 한마디 말에 큰 상처를 받기도 한다. 일상생활에서 자신이 좋아하는 일을 알아차린다는 것은 자아를 찾기 위함이다. 또 자신을 발견하기 위해 노력하는 것이다. 나의 장단점이 무엇인지 생각해 보았다. 알아차린다는 것, 무엇을 잘하는지 무엇을 어려워하는지. 자기를 알아가고 파악하는 과정은 누구에게나 필요하다.
　살아가는 동안 많은 것을 손에 넣으려 한다. 자기를 찬찬히 살펴보자. 물 한 움큼 잡고 회심의 미소를 짓고 있는 것 아닌지.
　세월이 더 흐르기 전에 내 손에 남은 물 한 모금이라도 목마른 사람에게 전하는 것, 나쁘진 않을 텐데 말이다.
　다 알면서 새어나가는 물을 바라보고 있다.

023

오늘이 힘든 그대

그대, 미래를 걱정하느라 시간을 낭비하고 있지는 않은가요. 다가올 일에 완벽하게 대비할 수는 없답니다.

다가오지 않은 일에 대한 준비, 지금의 판단이 모두 옳은 것은 아니에요. 아니 옳다고도 할 수 없어요. 시간 지나면 후회할 일도 생길 거고, 머지않아 마지막 순간도 공평하게 맞이하게 된답니다.

나고 자라고 배우고 성장하고 어른이 돼요.

'아기, 어린이, 초등학생, 중학생, 고등학생, 대학생, 직장, 연애, 결혼, 아기.'

내가 걸어온 길이에요. 그대가 앞으로 걸어갈 길이기도 해요, 우리에게 주어진 남은 시간이 얼마인지는 알 수 없어요.

능력이 중요하진 않아요. 다만 준비하는 과정은 중요해요. 미래를 위한 준비는 삶을 지탱하는 큰 힘이 되기도 한답니다. 혹시 시련에 부닥치고 사는 게 어렵더라도 실망하지 않았으면 좋겠어요. 좌절하지 말아요. 포기하지 않으면 좋은 날이 또 찾아올 거예요.

오늘이 힘든 그대, 지나고 보면 아무것도 아니에요.

024

혼자 바쁘다면

바쁘다고요. 무엇이 그리 바쁜가요. 종일 갈피를 잡지 못하고 있는 그대, 일을 사서 고민하는 건 아닌가요. 모든 일이 다 같이 중요하지만은 않아요. 놓을 건 놓고 맡길 건 맡기고, 내가 할 수 있는 역할만큼만 하면 되지 않을까요.

남의 일을 대신 고민하지 말아요. 바쁘게 사는 것이 인생을 보람되게 사는 것은 아니니까요. 부디 현명하길 바래요.

스스로 질문해 보세요. 지금 하는 일이 퇴직 이후 나의 삶에 어떤 의미인지.

025

그냥 하면

모든 일에 성과를 낼 수는 없다. 모든 것에 전념할 수도 없다. 세상을 매일 바쁘게 살아가면 마지막엔 허무해진다. 때론 요령도 필요하다. 변화는 자기가 주는 것이다. 한 번쯤 거절도 해보고 협조도 구해보자. 무능하다는 소리, 들어도 괜찮다.

일 못 한다고 큰일 나지 않는다. 사람 죽고 사는 문제 아니면 때론 실수도 하고 그런 거다. 욕먹으면 사과하면 되고 잘못했으면 시인하면 된다. 자존심 상해 하지 말고 뚝심으로 그냥 밀고 나가면 된다. 닿으면 닿는 대로, 닥치면 닥치는 대로 그냥 하면 된다.

진짜 똑똑한 사람은 자기를 내세우지 않는다고 한다. 변명하지 않고 그냥 사과하며 변화를 꾀한다.

숙인다고 목 부러지는 것 아니다. 내가 해봤다. 숙인다고 낮춰 보지 않는다.

아무도 신경 쓰지 않는다.

그냥 하면 된다.

026

마 음

처음부터 무리하지 마라. 강약 완급 조절을 잘해야 회사 생활, 조직 생활도 버틸 수 있다. 사랑도 마찬가지다.

너무 한 곳에 집중하다 보면 결국 쓰러진다. 고무줄의 유연성처럼 당기고 놓고를 잘해야 한다. 계속 당기고 있어도 안 되고 너무 세게 잡아당겨도 회복성이 떨어진다. 모든 일에는 여유가 있어야 한다.

처음부터 절대 무리하면 안 된다. 쓸데없는 일에 힘 빼지 마라. 내가 아니더라도 세상은 잘 돌아가게 되어 있다.

단, 자기 합리화를 하며 대충 사는 것은 반대이다. 내가 생각한 원칙 그 규범에서 벗어나면 지금은 편할지 모르지만, 나중은 후회하게 되어 있다.

편하면 배울 게 없다. 힘들면 배우고 깨닫는다.

고생한 사람이 결국은 성장한다.

027
산책

비 온 뒤 맨발로 뒷산을 올랐다. 미끄러웠다. 오솔길을 오르며 몇 번이나 미끄러질 뻔했다. 내려올 때는 조심해야 한다는 마음을 먹고 정상에 올랐다.

정상에서 마음을 못 비운 탓일까. 아니면 근심이 많아서일까. 결국 내려오는 길에 황톳길에 미끄럼을 타고 말았다. 휘청거린 탓에 허리가 활처럼 휘었다가 겨우 중심을 잡았다.

살다 보면 미끄러운 길을 만날 수도 있다. 비 오는 날, 맨발 산책은 피해야 하듯이 무방비 상태의 대책 없는 도전은 조심해야 한다.

오십 넘으면 운동도 살얼음판을 걷듯이 조심조심 자기 몸에 맞게 해야 한다.

'투자도 마찬가지 아닐까.'

028

숲 너머

 산 너머, 숲 너머에 뭔가 있을 거라는 생각이 들 때가 있다. 멀리서 볼 때와 가까이서 볼 때는 다르다. 가파르게 오른 길은 비탈진 내리막으로 이어진다. 낙엽도 빠르게 물든 것은 빠르게 떨어지지 않던가. 나고 이지러지는 것이 그러하다.
 무엇이든 나중은 없다. 가족과 함께하는 일은 소소하더라도 좋다. 행복을 누리고 지금에 만족하며 살아야 한다. 나중에 무엇을 하겠다는 생각, 오십 이후는 접는 것이 좋다.
 살아있고 살아가는 그 자체가 선물이라 하지 않던가.

029

백전노장 울 엄마

살아간다는 것은 아름다움이다. 내일 생일이라 엄마에게 전화했다. 낳아주셔서 고맙다고. 혼자 계신 엄마는 말벗이 없어 외로운가 보다. 전화하면 온종일 밭에서 있었던 일, 동네에서 일어난 소소한 이야기들을 들려주시느라 시간 가는 줄 모른다. 백전노장 우리 엄마. 요즘은 무릎이고 허리며 성한 곳이 없다. 그래도 아픈 몸을 이끌고 '첫째골'이며 아버지가 계신 '신암터'도 곧잘 오르내리신다.

내년에는 절대 농사 안 짓는다고 하시는데 그 말씀 하신 지가 5년이 넘었다. 내년부터는 일을 좀 줄였으면 좋겠다. 건강한 모습으로 우리 곁에 오래 머물러 계셨으면 좋겠다.

동네 어귀에는 정자가 있고 노거수 한 그루가 자리 잡고 있다. 절반이 썩은 듯 보이지만 해마다 3월이 되면 싹을 틔워 제일 먼저 봄을 알린다. 어머니처럼 말이다. 오래오래 봄을 알려줬으면 좋겠다.

030

두려워 마라

노후의 시간은 생각보다 길다. 반평생 살아보니 내 힘으로 이뤘다고 생각하는 모든 일이 알고 보니 주위의 도움 없이는 불가능한 일들이었다. '나이 듦'이란 강물을 따라 흐르며 깨닫는 과정이 아닌가 싶다.

나이 들면 꼭 해야 될 일보다 안 해도 될 일이 더 많아진다. 인생 2막, 인생 3막 준비하면 좋지만 모두 따라갈 수는 없다. 생각해 보면 평생 준비와 경쟁만 하다 생을 마감할 것만 같은 생각이 든다. 굳이 늙어가면서 죽는 데까지 경쟁할 필요가 뭐 있겠는가.

옛말에 욕심도 지나치면 모자람만 못하다는 말이 있다. 노후 준비도 중요하지만 마음가짐을 바꿔야 한다. 돈을 벌려고 해도 오십 넘어 돈이 벌릴까. 괜히 욕심내 어설프게 투자해 그나마 있는 돈 날리지 않으면 다행이다. 돈이 떨어지면 씀씀이를 줄이고 돈이 없다고 업신여기는 곳은 안 가면 된다.

그게 쉬운 일이냐고? 당연히 쉽지 않다. 하지만 노후 자금 준비 되지 않았다고 두려워할 필요 없다.

설마 산 입에 거미줄 치겠는가.

031
마 음

마음은 보이지 않는다. 무한한 존재이다. 보이지 않기에 마음대로 할 수 없는 게 마음이다. 살면서 마음먹은 대로 할 수 없고 또 마음대로 안 되는 것이 태반이다.

마음을 찬찬히 살피는 것은 자기 내면을 들여다보며 분별없는 나로 깨어나게 함이다. 삶의 문제를 자신에게서 찾고 해결하는 사람을 보면 멋있다는 생각이 든다.

파도가 출렁이던 바다도 시간이 지나면 잠잠해진다. 밀물과 썰물의 중심에서 만나는 경계에 동요하지 않는 고요가 있기 때문 아닐까. 원망과 비난의 시선으로 삶을 바라본들 세상은 바뀌지 않는다.

밝은 눈으로 세상을 보면 요란한 마음도 언젠가는 가라앉게 되어 있다. 생각은 흘러가는 뭉게구름과 같다. 가끔은 뭉쳤다 흐르는, 그래서 그냥 바라보면 소멸하는 부질없는 자연의 일부다.

모든 일이 꿈속의 상상이고 허상이다. 그 속에서 하루를 살아내는 우리는 대단한 존재다.

032
방 향

손으로 가리키는 방향으로 발걸음을 옮긴다. 해마다 우리는 계획을 세우고 다짐을 한다. 몇 해 전부터 이어온 일기 쓰기를 하루도 거르지 않고 실행하고 있다. 지금까지는 자신과의 약속을 지키려 안간힘을 들이고 있다. 습관이 되기까지는 삼 개월을 넘겨야 한다고 한다. 퇴근을 늦게 하거나 술이라도 한 잔 하는 날에는 오늘은 건너뛸까 하는 생각도 가져본다. 이런 날이면 몸은 피곤한데 잠을 이루지 못한다. 방향을 잘못 잡아 돌아가는 것처럼 글을 써야 한다는 생각이 좀처럼 떠나지 않는다.

부산을 다녀오는 길은 생각이 많아진다. 스쳐 지나는 창밖 풍경을 물끄러미 바라본다. 회색빛 옹벽 사이에 자리 잡고 있는 높은 아파트 건물과 시골의 낮은 토담은 비교적이다. 으스름한 어둠이 내리자, 차량의 불빛이 도로변의 높고 낮음을 따라 흐른다. 가로등 불빛이 밝음과 어둠의 사이에서 지나가듯 뒤로 뒤로 물러선다. 자동차는 달리는데 가로등은 자꾸만 달아난다.

손을 믿으라는 말이 있다. 생각이 미꾸라지처럼 손가락 사이를 빠져나간다. 그냥저냥 세월 보내는 것보다 기록으로 남겨야겠다는 생각에 오늘도 독수리 타법으로 자판을 '콕콕' 쪼아 본다.

날아라 독수리. 독수리 타법이 자율주행하는 그날까지.

033
짐 하나 내려놓고

　매화도 한 시절, 목련도 한 시절, 다 시절 인연이다. 마지막까지 나 자신에게 부끄럽지 않도록 정직하게 살아야겠다는 마음을 품어본다.
　목표했던 일이 얼마가 되었든 간에 주어진 시간에 열의를 다한다는 마음은 변하지 않아야 한다. 최선을 다한 뒤 평가에 대한 부분은 접어두고서라도 내 삶에 대해 수시로 반성하고 뒤돌아봐야 한다는 생각이다.
　퇴근길이다. 길은 멀어 어둠이 내려앉고 걸어보지 않은 막연함에 생각이 깊어진다. 회사 일을 얼마 동안 할 수 있을는지. 남은 기간 어떤 의미 있는 일을 해야 할지. 동료들에게 얼마만큼 도움을 주었는지. 회사가 원하는 방향으로 가고 있는지.
　오르막길에 차가 멈추어 선다. 다 부질없는 생각이 될 수도 있겠지만 아직 끝나지 않은 내 인생의 오르막길에 작은 짐 하나를 내려놓는다.

034
똥

출근길 갑작스레 배가 '사르르' 아파온다. 죽을 맛이다. 어디 차를 세울 곳도 마땅치 않다. 대낮 들판에서 어른이라는 사람이 바지를 내릴 수는 없지 않은가. 오늘따라 길 가는 행인은 어찌 이리 많은지.

기름은 많았지만, 주유소로 차를 몰았다. 얼마나 급했던지 주인이 무슨 일이냐고 물어왔는데 대꾸할 틈도 없이 화장실로 직진했다. 이런 경험은 초등학교 1학년 이후 처음이다.

누구나 똥을 싼다. 먹으면 나오는 게 당연한 이치다. 똥을 쌀 수 있는 힘, 배변의 짜릿한 경험을 통해 겸손함을 느낀다. 신이 인간을 지금처럼 똥을 싸도록 한 것은 배변의 경험을 통해 우리가 다시 땅으로 되돌아가는 것을 느낄 수 있도록 함이다.

내가 중학교 다닐 무렵 '똥장군'을 지고가서 밭에 뿌린 적이 있다. 온몸에 인분 냄새가 풍겼다. 그날은 뿌듯했다. 마치 어른이 된 듯한 기분이었다. 왜 그런 생각이 들었는지 알 수는 없다. 다만 오물을 치운다는 건 당시 아버지밖에는 할 수 없는 일이었다.

내 몸에 가득 안고 있으면서도 표현하기 힘든 단어 똥. 예쁜 연예인도 고명한 학자도 대통령도 똥을 싼다. 똥을 쌀 때 우리는 체면과 우아함을 잊는다. 자세를 낮추고 똥이 나올 때까지 힘을 줘야 한다. 사람 사는 게 다 같은 이치일 것이다.

  아무 때나 힘주지 말아야 한다. 때에 맞춰 힘을 주고, 때에 맞게 행동해야 한다.

035

오월의 꿈

어린이날이다. 초등학교 6학년쯤으로 기억된다. 산골에서 나고 자라며 버스를 처음 본 날을 잊을 수 없다. 산등성이에서 내려다본 신작로는 도시를 향하는 꿈의 길이었고 희망의 통로였다. 고개 아래 뽀얀 먼지를 일으키며 달려오던 버스는 보면 볼수록 신기하고 또 한편으로는 겁이 났다.

아랫집 출이 형도 옆집 옥이 누나도 버스를 타고 간 뒤에는 소식이 없었다. 출이 형은 도시에서 화물차 조수로 일한다는 소식이 가끔 들렸고 옥이 누나는 시골 어느 식당에서 보았다는 이야기만 들렸다. 소문만 무성했지 그들이 어디서 뭘 하는지 알 길이 없었다. 궁금증만 커져 갔다. 어린 마음에 버스가 사람을 삼키는 건 아닌지 내심 걱정이 되기도 했다. 아마도 사람이 타는 모습은 보았는데 내리는 모습을 보지 못한 탓도 있지 않을까.

내가 열세 살 되던 해에 대구 달성공원으로 나들이를 갔다. 아버지와 마주 앉아 짜장면을 처음 맛본 날, 새로운 음식 세계를 경험한 경이로운 날이었다. 요즘이야 짜장면 한 그릇이 뭔 대수냐고 생각하겠지만 산골에서 된장과 김치만 먹고 자란 나에게는 문화적 충격이었고 사건이었다.

지금 생각해 보면 고갯마루에서 바라본 신작로 오월 풍경은 가난한 날의 행복이었다.

아버지 손을 잡고 따라나섰던 열세 살 아이는 이제 버스를 겁내지 않는 중년이 되었다.

다만 나이 들면 버스보다 겁나는 게 집에 한 사람쯤은 있다.

036
평범하고 진실하게

출장 가는 길이다. 겨울바람이 매섭다. KT 울산빌딩에 차를 주차하고 나오는 길에 매화나무 한 그루가 꽃망울을 터트리고 있다. 하얀 나비 같은 꽃잎들이 봄 햇살을 품고 몽우리를 동글게 모아 펼치고 있다.

어떻게 살 것인가를 늘 고민하고 있다. 해답 없는 삶이지만 오늘 하루가 마지막이 될 수도 있다는 생각을 가져보면 마음이 한결 가벼워진다. 조금이나마 손에 쥔 것을 놓으려는 생각은 늘 하지만 쉽지가 않다.

가끔은 자기 생각대로, 일을 해야 할 때가 있다. 소신대로 산다는 것, 말은 쉬운데 직장생활이라는 게 녹록하지 않다. 일을 처리하다 보면 성공시켜도 입을 다물어야 할 때가 있다. 자기 자랑이 앞서다 보면 성과가 퇴색되는 경우가 있기 때문이다.

마음 가는 대로 사는 것, 마음이 내는 소리에 귀 기울이면 살아가는 것이 행복하다. 자기 인생은 자기 멋대로 살아야 한다. 멋, 아무렇게 살아간다는 의미는 아니다. 가장 맛깔나고 멋스럽게, 자기답게 사는 것이다.

회사 일 하며 자기가 좋아하는 일을 하면 즐겁다. 하지만 조건이 되지 않더라도 떳떳하게 살아야 한다. 일이 뜻대로 풀리지 않더라도 누가 대신 고민해 주지 않는다. 내가 괴로워한다고 상대적으로 누군가 행복해지는 것도 아니다. 나의 현재가 나의 마지막을 만들어 가고 있다는 말이 있다.

 하루를 평범하게 살고 진실하게 살아야 한다. 적어도 혼자 쓸쓸하게 마지막을 정리하는 일은 없어야 하지 않겠는가.

037
시간이 샘솟는 계절

　점심 무렵 동료와 '행암 철길'을 걸었다. 한적하다. 벚꽃 몽우리가 봉긋하니 수일 내로 봄 향을 피워낼 듯하다.
　때에 따른 말 한마디는 긴장감을 풀어주기도 한다. 적절한 순간에 말하고 침묵해야 할 때를 살피는 것도 중요하다. 나이 들수록 입을 다물라는 이야기가 있다. 산책길을 걸으며 H와 대화를 이어간다. 달리 할 말이 많은 것도 아니고 그렇다고 친분이 있는 것도 아니지만 같이 걸으면 마음이 편안하다. 직장 동료로 만났지만 이십여 년을 함께 공감대를 형성하며 친분을 쌓았으니 딱히 말하지 않아도 조금은 마음을 헤아릴 수 있을 사이다.
　소통된다는 것은 밀고 당기는 것을 적절하게 잘한다는 것이다. 요즘 핵가족화가 되다 보니 가족과 재산에 대한 이야기를 주로 하는 편이다. 돈이 많으면 행복해질 것 같지만 그렇지도 않은 생각이 문득 든다. 주위를 살펴보면 돈 때문에 형제간의 우애가 단절되는 일들을 자주 보게 된다.
　오는 길에 무인 커피숍에 들렀다. 편한 세상이다. 동전만 넣으면 모든 것이 해결되니 말이다. 자판기에 천 원을 넣으면 천 원만큼의 물건을 선택할 수 있지만 우리네 삶이란 많은 것이 하늘에 달려 있다는 것을 느끼게 된다. 나의 노력도 중요하지만, 주위의 많은 도움과 수고로움이 내 편이 되어줘야 가능하다. 욕심을 줄이며 살아야겠다는 생각도 든다. 봄은 시간이 샘솟는 계절이다. 하나가 둘이 될 것만 같고 골짜기마다 생동감이 넘친다.

철길 주위 나뭇가지마다 푸릇함이 내려앉는다. 연두색 봄이 소리 없이 다가온다. 이 봄, 올 때도 살며시 다가오지만 간다는 말 한마디 않고 소리 없이 사라질 것이다.

이 정연한 이치를 사계절이 다녀가며 온갖 빛깔과 소리로 말한다는 걸 이제야 조금씩 알아들을 것 같다.

038
다 때가 있다

　날씨가 많이 풀렸다. 출근길 차창 사이로 바람 한 줄기가 불어오는데 봄기운이 느껴진다.
　세상 사는 이치를 살피면 다 때가 있다고들 한다. 때를 잘 알고 행동하는 것은 중요한 지혜 중의 하나이다. 시기를 알고 상황을 알고 흐름을 읽을 줄 알아야 한다. 시기를 모르면 실패를 경험하게 된다.
　한 달 전이었다. 집 앞 화단에 날씨가 포근하다며 개나리가 잎을 내밀고 엷은 꽃을 피운다. 며칠 있지 않아 호된 찬 바람에 꽃이 지고 말았다. 모든 일이 자연의 이치에 맞게 상식의 범주 내에서 생각해야 실수가 없다. 때에 맞지 않으면 그 어떤 것도 통용되기가 어려운 게 우리네 삶이 아닐까.
　도전할 때와 기다릴 때, 모일 때와 흩어질 때, 달려야 할 시기가 있으면 멈춰야 할 순간도 있다. 지금 내가 선 자리가 어느 때인지 살펴보는 것이 가장 먼저 해야 할 일들이다.

039
꽃 피었네

초록이 싱싱한 군자란, 주홍색 꽃망울이 터지려 한다. 음지와 양지 사이에 군자란이 반만큼 피었다. 결혼 무렵 꽃집 하는 당숙께서 선물로 주셨는데 삼십 년 동안 우리 가족과 함께했다. 창녕에서 시작해 남해안 섬마을까지 이사도 많이 다녔는데 용케도 잘 버틴다. 딱히 거름이 될 만한 것을 준 것도 아니고 잊을 만하면 물 한 번씩 뿌릴 뿐인데 올해도 어김없이 꽃을 피운다.

군자는 남이 알아주지 않아도 슬퍼하거나 노여워하지 않는다는 말이 있듯이 자기 역할에 충실한 꽃이다. 꽃말처럼 고귀해서 군자란인지 모를 일이다.

청나라 시인 이밀암은 술은 반만 취해야 좋고 꽃은 반만 피어야 곱다고 노래했다. 오십이 넘어서면 남과 비교하고 경쟁할 시기는 지나지 않았을까. 늘 백을 가져야 행복할 듯하지만, 인생이라는 게 내 뜻대로 되지는 않는다.

힘들면 쉬어가야 하는 나이다. 힘들면 힘든 대로, 바쁘면 바쁜 대로, 불완전한 세상에서 완전해지려고 애쓰면 본인만 힘들지 않을까. 오십 중반, 절반을 넘게 산 셈이다. 절반을 전진만 했다면 이제 남은 절반은 속도를 줄이고 물러설 때이다. 젊음처럼 늘 발전하고 성장할 수는 없는 법이다. 가지려고 애썼던 마음들을 이제는 하나하나 나누어야 할 때이다. 불필요한 물건, 욕심들은 내려놓아야 가볍게 길을 걸을 수 있다.

 어쩌면 하나를 얻는다는 건 다른 하나를 잃는다는 뜻이기도 하다. 돈을 벌기 위해 노력한 시간, 욕심이라는 것은 자기를 해치고 나서야 모든 것을 놓게 된다.

 적당하게 산다는 것. 꽃이 내년 일을 걱정하며 지지 않으려 애를 쓰지 않는다.

040

단락 구분

    원고청탁을 받고 마감 시간에 쫓기듯 메일을 보냈다. 책에 싣기 전에 원고검토 메일이 와서 자세히 보니 단락 구분이 되어 있지 않다. 단락이 구분되어 있지 않다고 편집장께 메일을 보낸 후 원고에 대해 잊고 있었다.
    하늘이 잔뜩 찌푸려 있더니 오후가 되자 빗방울이 한 방울 두 방울 떨어진다. 강원도에는 산불이 번져 소방관들이 주불 진화에 고전을 면치 못하고 있다는데 소나기라도 시원스럽게 쏟아졌으면 좋겠다.
    생각해 보면 월별로 분기마다 계절이 변한다는 게 신기하다. 사계절이 뚜렷하듯 단락처럼 구분 지어져야 한숨 돌릴 수 있다. 그래야 삶의 무게를 조금이나마 줄일 수 있지 않을까.
    가볍게 산다는 것은 선택이다. 살아가다 보면 마음에 드는 사람이 있고, 썩 내키지 않는 사람도 있다. 보기 싫다고 나의 논리로 흑과 백을 명확히 하는 것은 바람직하지 않다. 무엇이든 구분 지으려다 보면 탈이 나고 만다.
    논리는 변한다. 내가 처해 있는 위치에서 다른 각도로 약간만 비켜서서 바라보면 사람이 달라져 보일 때도 있다. 상대방과 동등

한 입장에서 바라보면 이해되지 않을게 뭐 있을까.

 사람이 항상 직진만 할 수 없듯이 길이 막히면 좌회전도 하고 때로는 우회전도 하면서 사는 것이다. 살다 보면 때로는 돌아갈 길도 생긴다.

041
바람처럼

바람이 불어오는가 싶더니 이내 지나가 버렸다. 오늘 낮에 불어온 봄바람은 돌아오지 않았다. 아마도 내년 봄을 기약해야 하지 않을까.

과거를 떠올리면서 살다 보면 주위 사람들을 배려할 수 있는 미덕이 생긴다. 혼자 있으면 외롭고 둘이 있으면 괴롭다는 말이 있다. 결혼하기 전에는 같이 있고 싶어 안달이 났는데 오래 살다 보니 바람 같은 존재가 되어 버렸다. 무의미하다기보다는 아내는 항상 그 자리에 있다는 믿음이랄까. 불면 부는가 보다 싶은 바람이었다.

코끝이 시리도록 부는 청량감. 추위도 난 그 겨울바람이 좋다. 쌀쌀하고 도도한 아내를 닮은 겨울바람. 짙은 눈보라를 단숨에 주저앉혀 버리고 언덕배기 흰 눈도 단숨에 날려버리고 마는 칼바람이 좋다.

말 없는 사람을 바라보고 있자면 바람 한 점 없는 겨울 하늘이 떠오른다. 마음속 깊은 곳에서 들려오는 바람 소리처럼 삶의 즐거움은 자기 하기 나름 아닐까.

가족이 있다는 것에 감사하며, 관심 가져주는 이가 있다는 것에 또 감사한 하루이다.

042

글쎄요

나 태어났을 때 가족 모두 즐거워 웃음꽃이 담장을 넘었다는데. 옆집 곰할배는 아기 울음소리에 놀라 잠을 깼다고 한다.

그게 나였다.

나는 기억이 나지 않는다. 무엇이 그리 슬퍼서 울었는지. 아마 세상 살아갈 걱정이 앞서 울었을지도.

"글쎄다."

어른이 된 지금도 참 궁금하다.

043

벚과 벗

꽃이 피었다. 아름답다는 말이 이럴 때 쓰는구나 싶을 정도로 송이송이 꽃송이가 달렸다. 분홍빛 벚꽃 다섯 잎이 바람에 하늘거린다. 요 며칠 사이 꽃샘추위에 얼마나 떨었을까. 꽃도 인생도 언제나 위기가 도사리고 있다. 걸어가는 길이 험난하고 수없이 흔들리는 일도 많을 것이다.

산다는 것은 버티는 것이지 않을까. 예고 없이 찾아드는 위기의 순간을 잘 넘겨야만 활짝 핀 벚꽃처럼 기회가 찾아오지 않을까. 살아가는 매 순간이 위기일 수 있고 우리는 순간마다 선택을 해야 한다. 지나 봐야 알고 살아 봐야 인생의 묘미를 안다고 했다.

아직 3월의 봄은 춥다. 이번 주말이면 분홍빛이 하얗게 눈꽃으로 변할 것이다. 사람들은 꽃이 피고 진다는 것을 인생이 피고 지는 것과 비교를 하곤 한다. 젊음의 한순간을 정점으로 나이 들어가듯, 화려한 꽃송이도 조용히 쓸쓸하게 바닥으로 내려앉는다.

활짝 피어 화려하게 물드는가 싶다가 먼 산 한번 바라보다 돌아서면 사라져 버리는 벚. 사랑도 우정도 짧고 화려하기에 더욱 잊지 못하는 추억이다. 벚을 바라보며 벗을 생각한다. 봄은 짧다. 우리 인생도 그러할 터이다.

044

유채밭 풍경

원두막 창으로 본 세상은 연노랑이다. 유채꽃들이 약속이라도 한 걸까. 따스한 햇볕 아래 키재기를 한다. 바람 한 줄기 불어오면 파도타기가 이어진다. 노랑 물결이 출렁인다.

원두막에 앉아 먹는 점심은 꿀맛이다. 멀리서 엿장수 아저씨의 리어카에서 흥겨운 민요가 들려온다. 장구 소리에 맥주까지 곁들이니 흥이 절로 돋는다. 지나가는 아낙네들도 흥이 나는지 어깨춤을 들썩인다. 근심 없는 풍경이라 보기 좋다.

일은 해도 해도 끝이 없다. 가도 가도 가시밭길이라더니 노력해도 여전히 내일이 걱정되기는 마찬가지인 듯하다. 예전이나 지금이나 똑같은 상황의 반복이다. 직장생활 하다 보면 모든 일을 혼자 떠안고 버거워하는 시간이 있다. 힘들다는 표현, 생각한 것보다 남들은 별로 신경 쓰지 않는다.

견딜 수 있는 범위, 내 능력의 범위를 알고 멈춰 서야 한다. 때를 안다는 것은 중요하다. 노력해도 행복해질 수 없다면 능력이 있든 없든 지금의 모습을 인정해 주는 곳을 찾는 게 좋다. 평지에 서도 오래 서 있으면 다리가 아픈데 굳이 까치발을 하고 남의 인생을 바라볼 필요가 뭐 있을까.

힘을 빼면 다치는 일이 없다고 한다. 마음 편히 가져야 한다. 자신을 극한 상황까지 몰아세우며 노력해서 얻은 지위나 명예가 곧 자기 자신이라고 생각하는 사람도 있다. 인정해 줘야 한다. 하지만 고무줄을 힘껏 당겨서 놓지 않고 유지하다 보면 탄성력이 떨어져 회복하지 못한다. 사람도 마찬가지이다. 젊었을 때야 하룻밤 자고 나면 툴툴 털고 일어날 수 있지만 나이 들어가면 상황이 달라진다.

이제 마음 내려놓고 들판의 유채꽃처럼 흔들리며 살아야 한다. 어우러지며 한숨 돌리고 나면 길이 보일 것이다.

설렁설렁 살아도 문제없다. 쓸데없는 걱정 하지 않아도 때 되면 꽃핀다.

045

시소 타기

햇살 따사로운 오후다. 점심을 먹고 회사 인근 공원으로 산책을 나선다. 놀이터를 지나는데 아이들의 '깔깔'거리는 웃음이 들려온다. 맑은 웃음소리가 사철나무 울타리를 따라 이어진다. 웃음소리가 궁금해진다.

예닐곱 살 된 딸아이 두 명이 시소를 타고 있다. 무엇이 저리 즐거울까. 시소 끝자락이 바닥에 고정된 타이어에 닿을 때마다 아이들의 몸이 공중으로 떠올랐다가 내려앉는다. 지칠 줄 모르는 아이들의 에너지는 어디서 나오는 걸까. 해맑은 모습에 웃음이 절로 나온다. 해 저무는 줄 모르고 놀았던 어린 시절이 떠오른다.

올라가면 내려오는 사람이 있고 내려오면 올라가는 사람도 있다. 삶이란 게 어쩌면 '시소'를 타는 것처럼 오르내리는 일 아닐까. 평형을 이루고 싶으나 가만히 있지 못하는 우리네 삶처럼 말이다. 시소의 움직임이 없으면 사람이 타지 않은 것처럼 우리 삶도 흔들리지 않으면 제대로 사는 것이 아닐 터이다. 흔들리지 않고 살아가는 사람이 어디 있을까. 정상에 올랐다가 곤두박질치고 밑바닥에서 다시 정상을 향해 오른다.

생각해 보면 '시소' 타기는 우리 삶과도 닮은 놀이다. 우리는 지금 올라가는 중일까, 아니면 내려오는 중일까. 그도 저도 아니면 타이어에 부딪혀 허공에 떠 있는 중일까.

아이들의 웃음소리처럼 무엇을 하든 즐기면 행복해지는 법이다. 유쾌하고 발랄하게 말이다.

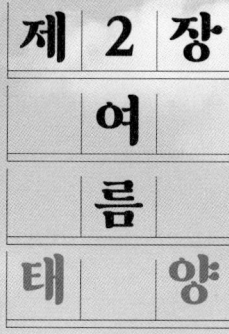

제 2 장 여름 태양

001
유월에는

쑥이 쑥쑥 자란다. 그믐달 넘어 꽉 차오른 보름달마냥 퉁퉁하고 튼실하게 아기가 자라듯 들판이 푸릇하다. 봄바람이 불어온다. 쑥 향기에 자지러지듯 '움막골' 뻐꾹새는 한나절을 울어 댄다.

달 차고 날은 저무는데 높게 낮게 때론 멀리 가깝게 들렸다 안 들렸다. 합창하듯 개구리 소리 썰물처럼 잠잠해졌다가 밀물 밀 듯 밀려온다. 잠 못 이루는 밤이다.

유월 밤, 논 못자리 두렁에서 울어 대는 엉머구리* 소리에 잠을 설친다. 온 동네 개구리 합창대회 열린 날, 천지에는 여름 기운이 완연하다.

＊엉머구리: 경남 방언. '개구리'를 일컫는 말로 몹시 시끄럽게 떠드는 소리.

002
하 루

늘 그래왔듯이 변함없는 일상이다. 아침 일찍 기상해서 운동을 반복한 지도 그럭저럭 두 달이 다 되었다. 이른 아침이면 아직도 이불 속에서 십 분가량 뭉그적거리며 늦장을 부린다. 습관이란 무섭다.

유월 이맘쯤이면 누런 살구가 익어 떨어진다. 누런 살구, 누런 보리, 누런 참외밭에 시골집 누렁이가 온천지로 뛰어다니며 유월 여름을 재촉하고 있다.

모란꽃 너울들이 담장 너머 한참을 너울거린다. 바람이 고요하다. 해가 구름 속으로 숨고 꽃바람이 스쳐 지났다.

유월의 어느 여름날이 잠결에 어렴풋이 지나간다.

003

여름밤의 기억

손꼽아 기다리던 여름방학이 시작되면 혼자 '구실재'를 넘었다. 외가 마을이 있는 '고령군 오사리'는 내 어린 시절 마음의 안식처였다.

한 밤도 아니고 두 밤도 아니고, 무려 서른 밤낮을 보내고 다시 산등성이를 홀로 넘었을 정도로 외가는 내가 성장하는 데 많은 추억을 만들어 주었다. 여름밤 쪽창을 열면 댓잎 소리에 별들이 놀라 떨어지고 나는 땅으로 곤두박질치는 별똥별을 헤아리느라 잠 못 이루며 뒤척였다. 강바람에 댓잎 노니는 소리를 들으면 표현할 수 없는 공허함이 몰려왔다.

낙동강 변에는 빽빽하게 서 있는 포플러 나무가 달빛을 받아 하늘에 닿을 듯했다. 산과 들, 강변을 따라 반짝이며 흐르는 한 줄기 달빛이 사람 사는 마을까지 굽이쳐 흘렀다.

무더운 여름, 어느 날이었다. 강변 모래밭을 함께 걸었던 외삼촌이 홀연히 내 곁을 떠났다. 해 저물 황혼 녘에 마주쳤던 강바람처럼 사라져 버렸다.

여름이 오면 추억을 그리워하며, 강 너머 불어오는 샛바람 한 움큼을 잡고 두리번거린다.

004

창밖은 흐림

창밖으로 비친 천주산 중턱에 엷은 구름이 걸쳐 있다. 비가 오려는 듯 날씨가 흐리다. 마음이 종일토록 가라앉아 우울함이 감돈다.

흐림이란 흐름이다. 기가 막힌다는 이야기처럼 흐름이 원활하지 않다는 것은 마음의 날씨가 흐르지 못하고 걸려 있다는 것이다.

천주산의 구름 한 조각이 고개를 넘고 있다. 내일 날씨는 대체로 맑음이었으면 좋겠다. 퇴근 시간이 되어도 내 마음의 일기예보는 좀처럼 갈피를 잡지 못하고 있다.

아마도 내일 일기예보는 대체로 흐린 가운데 오후 들어 소나기가 내릴 듯하다.

수도꼭지를 열면 금방이라도 울음이 터져버릴 듯한 날씨다.

005

비 내리면

　창밖에 빗방울이 노크를 한다. 옛 추억이 하늘을 타고 내린다. 첫사랑 숙이가 달려와 '또르르륵' 두드리고 고향 친구들이 '주르륵' 또 두드린다.

　살다 보면 우리 삶에도 비가 내릴 때가 있다. 젖고 젖은 종잇장처럼 힘없이 마음이 젖어 버린 때도 있다. 구겨지고 얇아진 마음을 추스를 길이 없어 주저앉아 마음의 문을 닫아 버릴 때도 있다.

　시원하게 쏟아부은 비가 세상을 깨끗하게 씻어 내리면 마음이 화창해진다. 맑은 하늘이 찾아온다. 비가 내린 뒤 볼 수 있는 맑게 갠 하늘, 어려움을 겪은 뒤 찾아오는 행복. 삶도 마찬가지인 듯하다.

　여름을 재촉하는 장대비가 내린다. 꽃 한 송이를 타고 내려 산과 들, 길과 강이 젖는다.

　흠뻑 젖고 나면 홀가분해질 것이다. 빗소리 '후두둑' 삶이 가벼워질 터이다.

006

미움

　내 마음 같지 않을 때가 있다. 친구와 동료가, 친척과 이웃사촌이.

　남을 미워하기까지, 미워하는 마음을 갖기까지 얼마나 많은 시간 동안 그 사람을 마음에 새겨야 할까. 남을 미워하면 증오의 독이 내 마음속에 먼저 퍼진다는 말이 있듯이 미움이란 내 마음을 다치는 일이다.

　남을 포용한다는 건 어려운 일이다. 증오의 불덩어리 미움의 불덩이를 안고 있어 봤자 내 마음만 덴다. 예수님도, 부처님도 다 용서하라 하지 않았던가. 성인군자는 아니지만 깊게 생각해 보면 다 부질없는 일이다.

　머리로는 다 이해되는 일이다. 하지만 가슴으로는 선뜻 이해하기 어려운 부분이 있다. 지천명과 이순 사이, 살아온 날보다 살아갈 날이 적을 수밖에 없는 현실 앞에서 고뇌하는 나이다. 이제 받아들여야 한다.

　미운 마음을 가져도 시간은 흐른다. 나이 들면 세월은 더 빠르다. 미움이란 천둥소리다. 격렬한 소나기가 쏟아지면 격정과 분노가 뒤섞여 넘치듯 도랑을 쓸고 흐른다. 강물을 만들고 소류를 만들고 서로 부딪치고 앞다투어 나아가려 한다.

　이런 세상에서 사는 우리는 결국 바다에서 만나게 되어 있다.

　아옹다옹해 봤자 때 되면 강과 바다는 하나가 된다.

007

산책길에

아침 녘 산책길에 참새 한 마리 '파르르' '포르르' 숲속을 깨운다. 숲의 푸른 선과 색들이 신선한 바람을 타고 이리저리 흔들린다. 솔가지들이 때론 높게 때론 낮게 넓게 펼쳤다가 엎드린다.

먹구름이 떼 지어 일더니 무학산 등성이에 비가 묻어온다. 소슬한 바람 한 자락에 비가 몰려오고 비와 함께 바람이 지나간다. 순간이다. 계곡 저 너머로 여름이 한여름 바람을 몰고 간다.

바람의 의미를 천착하는 이들은 바람을 삶이라고도 한다. 삶을 준비하는 사람들은 바람을 탈 줄 안다. 긍정적인 삶을 사는 사람은 늙어도 청춘일 수 있지만, 부정적인 삶을 사는 사람은 젊어도 늙은이일 수밖에 없지 않느냐고 어느 작가는 이야기하지 않았던가. 삶을 바라보는 생각의 차이리라.

삶이란 바람 한 줄기이고, 여름 한나절에 내리는 비 한 줄기인지도 모를 일이다. 산허리를 따라 추억 한 줄기 지나간다.

이 세상 살다 간 흔적을 남기고 흔적을 지우며.

008

반응하라

　무슨 일을 하더라도 즉각적으로 반응하지 마라. 어떤 연유인지 알아보고 차근차근 대응하라.
　내가 할 수 있는 일인지, 업무의 범위는 적당한지, 헤아려 보라. 할 수 없는 영역의 일이라면 있는 그대로 내가 처해 있는 현실대로 이야기하라. 그래도 그 업무를 해야 한다는 논리를 갖다 대면 반박하라. 조곤조곤, 화내지 말고.
　직장생활을 하다 보면 때로는 해서는 안 되는 일을 해야 할 상황에 직면할 수 있다. 그렇다고 내가 해결할 수 없는 일을 안고 있으면 문제점에 맞닥뜨렸을 때 피해갈 수 없다.
　뜨거운 걸 그대로 안고 있으면 화상을 입을 수밖에 없다. 망설이는 마음이 있다면 그대는 덜 뜨거운 거다. 뜨거운 맛을 본 사람은 안다.
　정말 뜨거우면 놓을 줄 알아야 한다.

009
때가 있다

살다 보면 적당한 때가 온다. 공부해야 할 때가 있고 돈도 벌릴 때가 있고 결혼을 해야 할 때가 있다. 부부싸움도 피해야 할 때가 있고 자식에게도 정을 줘야 할 때가 있고 놓아줘야 할 때가 있다. 사랑이 앞서다 보면 후회할 때가 있다. 때를 놓치지 않으려면 계획을 잘 세우고 항상 준비해야 한다. 시작이 반이라는 말도 있지 않은가.

모든 일에는 때가 있기 마련이니 마음 젊을 때 노력하고 준비하자.

010
하 지

   일 년 중 낮의 길이가 가장 길다는 하지 아침, 해가 뜬다. 오후 한나절 쨍쨍 내리쬐며 지지 않을 것 같은 해가 저문다. 날마다 뜨고 지는 해, 밤이면 다시 뜨려는 채비를 하고선 잠을 청한다.
   해는 동에서 서로 기울지만, 영원히 찾아오지 못할 곳으로 숨어버리지 않는다. 모두가 잠든 사이 살던 곳이 그리워 밤새워 걷고 또 걸어 찾아온다.
   누가 볼세라 마음 숨기며 찾아온 길. 해는 서에서 동으로 또다시 동에서 서로 갔다 왔다가 보일 듯 보이지 않는 듯 홀로 바쁘다고 어느 시인은 노래했다.
   사는 게 바쁜 건 해뿐만은 아닐 것이다. 젊음은 한순간이다. 성성한 머리카락을 염색약으로 치장을 해본들 본연의 모습이 어딜 가겠는가.
   내게 남은 시간, 잠들면 모두 끝날 시간이다. 깨어난다는 건 덤의 시간 아닐까. 어쩌면 사람으로 태어난 것이 고행의 즐거움일지도 모른다. 나이 들어 할 수 있는 일을 찾는다는 것, 나이 들더라도 세상에 대한 관심과 호기심은 잃지 않아야 할 터이다.
   실행은 즉시, 내일 하지 말고 오늘 하지. 하지다.

011
규칙

신발을 벗었다. 양말을 벗어 가지런히 반을 접어 신발 안에 넣었다. 정자가 있는 한 귀퉁이에 신발을 올려놓고 걸음을 옮긴다. 맨발이다. 자유로움이다. 한 걸음, 두 걸음, 발바닥에 전해져 오는 촉감이 여과 없이 전해져 온다.

점심을 먹고 걷는 편백 숲길, 한참을 걷다 보면 작은 돌도 밟힌다. 뾰족한 돌이라도 밟으면 입이 딱 벌어질 정도로 아프다. 내리막 오솔길에 앞을 살피지 않고 바삐 걷는다. 발가락이 먼저 나가 돌멩이라도 걷어차이면 얼마나 아픈지. 눈물이 찔끔 돌기도 한다.

건강을 위해 걷는 맨발 산책, 삼십여 분 걷다 보면 발바닥이 화끈거린다. 오늘은 돌멩이를 걷어차는 바람에 얼굴도 후끈 달아오른다. 걸음은 발뒤꿈치부터 착지가 되면 좋다고 한다. 건강에도 좋을 뿐 아니라 돌멩이를 걷어차는 일이 없으니 발가락을 다칠 염려도 없다.

오후 한나절, 후텁지근한 열기가 발바닥을 타고 전해진다. 신발을 벗었을 때 발바닥에서 전해지는 전율, 인생의 밑바닥에서 전해져 오는 삶의 온도인지도 알 수 없다. 걸음을 옮기며 일상의 힘겨움을 바닥에서 어루만지고 다독여본다. 아프지만 지극히 규칙적인 편안함. 열두 시의 편백숲에서 나는 천국과 지옥을 넘나든다.

012
건강검진

매년 건강검진을 받는다. 올해는 아내와 함께 대장내시경과 위내시경을 수면으로 예약했다. 검진 전일부터 대장내시경 식이요법을 병행하며 정결제를 복용했다. 밤 동안 속을 비워낸다. 삶의 과정도 이렇게 비울 수 있으면 좋으련만 혼잣말을 해본다.

생각해 보면 비우지 않고 살아갈 수 있는 인생은 없는 듯하다.

건강하다는 것 하나만으로도 모든 걸 얻은 것이나 다름없다. 돈, 명예, 사랑 모든 걸 성취하고픈 마음은 인간이라면 누구나 비슷할 것이다. 자제할 수 있는 힘, 그것은 건강함에 달렸고 건강을 잃으면 모든 일이 수포로 돌아간다. 삶의 위기에 직면할 수 있다.

난 오늘도 검사실에서 수면유도제가 내 몸 안으로 밀고 들어와 잠이 쏟아지는 걸 버티려 안간힘을 써보았다. 우스운 이야기가 될지 모르겠지만 10초를 못 버티고 눈을 감아 버렸다.

어쩌면 검진을 받는다는 것은 욕심을 내려놓는 일이고, 검사 결과에 따라 자기 성찰의 시간과 맞닥뜨릴 수 있다.

참고 버티다가 결국은 눈을 감게 된다.

013

수필에 대하여

경주 문학 특강일이다.

동리목월문학관에서 《에세이스트》 발행인 문학 특강이 있다. 수필의 시대, 수필을 공부하며 글을 쓰는 사람들이 모여 수필에 대해 작가의 시선으로 뒤돌아볼 수 있는 계기가 된 날이다.

수필은 법률적 진실이 아니라 문학적 진실을 표현하는 글이다. 그 진실은 책상 앞에서 내가 쓰는 원고지 위에 글로 쓸 때 만들어진다. 수필은 나를 쓰는 것이고 수필의 소재는 나다. 발행인의 강의 내용처럼 감성만으로 글을 쓸 생각, 미문으로부터 탈출해야 한다는 것에 대해 공감한다.

가장 문학적인 진실을 써라. 흐름에 맞게 직접화법을 쓰고 실감나게 표현해야 한다. 대화체가 많으면 긴장감이 떨어진다. 같은 시선이 아닌 작가의 시선으로 바라본 새로운 해석이 필요하다.

경주에서 기찻길을 지나오며 긴 레일을 가만히 쳐다보았다. 자갈과 목침, 지평선을 따라 일정한 간격으로 놓은 레일. 레일 위로 기차가 달려간다.

인생은 길지 않지만, 문학의 길을 걷는다는 건 아마도 긴 여행의 시간이 되지 않을까. 삶이란 게 여행길에 잠시 만났다 헤어지는 인연과 같다. 레일 위를 지나가는 기차처럼 영원히 머물지 못하고 평행선 위를 달리는 기차 같은 삶이다.

    지나가고 달려야만 하는 인생을 표현하는 게 수필이지 않을까.

014

중앙선과 실선

감정의 기복이 심한 때가 있다. 습도가 높은 날은 더욱 그러하다. 이 생각, 저 생각 뜬눈으로 밤을 지새웠다. 아마도 아파트 몇 층은 지었다 부쉈다 했을 것이다. 걱정 없는 사람 어디 있으랴마는 당장 해결될 일이 아니라면 뭐든 짧게 하는 게 좋다.

출근길 차들이 서행한다. 거북이처럼 느릿느릿 고개를 넘어간다. 긴 행렬이다. 직선 내리막길에 반듯하게 그어져 있는 중앙선 주위로 파편이 흩어져 있다. 넘지 말아야 할 선을 넘었는가 보다. 반파된 모습으로 서 있는 차, 몇 바퀴를 굴렀는지 온통 상처투성이다.

어느 날은 해가 돋고, 또 어느 날은 비가 오고 흐린 날도 있을 터이다. 살다 보면 의도치 않게 닥치는 일들이 있다. 그렇다고 불행을 멈추는 방법이 딱히 있는 것도 아니다. 선택의 갈림길에 서는 순간 마음을 가라앉히고 내 마음에 그어진 선이 실선인지, 점선인지, 넘지 못할 중앙선인지 잘 살펴야 할 것이다.

살아야 할 이유와 살아가야 할 이유. 감정이 바닥을 치달을 땐 멈춰 서야 한다. 넘어야 할 선과 넘지 말아야 할 선이 있다. 한 번 넘은 선은 다시 돌아오기 힘들다. 흐리고 비 오는 날은 조금 늦게 출발해도 되고 느리게 걸어도 괜찮다. 사람의 감정도 그렇다.

015

낮은 위치

 남들보다 낮은 위치에 나를 둔다는 건 겸손함이다. 비가 위에서 아래로 떨어지고 냇물이 강으로 흘러가듯 높은 위치에 있는 사람이 자기를 낮춘다는 것은 여간 힘든 일이 아니다. 겸손함을 유지하며 낮은 위치에 자기를 둔다는 건 전략일 수 있고 지혜일 수 있다.
 모든 일에 진심을 담아야 한다. 겸손함과 오만함, 그건 태도의 차이다. 존중하는 태도는 사람을 따르게 한다. 자신을 내세우면 사람들이 멀어진다.
 자랑이 그러하고 우리가 머무는 곳이 그러하다.

016
막막하다는 것에 대하여

앞뒤가 꽉 막혔다. 두 눈을 감고 있는 듯하다. 하루하루가 사막인 듯 메마른 모래바람이 가슴으로 몰아친다. 일이 힘들어서라기보다 마음이 힘든 순간이 있다.

얼마 전 일이었다. 아침에 늑장을 부린 탓에 마음이 급해 신분증과 휴대전화를 두고 출근을 한 적이 있다. 요즘은 출입문에 신분증 태그를 하지 않으면 문이 열리지 않는다. 더군다나 업무를 보려고 컴퓨터를 켜려고 해도 휴대전화로 날아오는 암호를 입력하지 않으면 모두가 허사이다. 아무것도 할 수가 없다. 이날은 두 번 출근에 두 번을 퇴근해야 한다. 사람이 하는 일이라면 조금 번거롭더라도 해결될 일이지만 기계는 한 치의 오차도 없다. 하기 좋은 말로 인공지능이라고 하지만 삭막하다.

회사 생활 삼십여 년을 해봤지만 모범답안이 없다. 수월한 게 없다. 하기야 힘든 일 하니까 급여를 받지 즐겁다면 아마도 입장료를 받지 않을까.

급하게 달려온 시간이다. 퇴직의 시간이 빠르게 다가온다. 손 뻗으면 닿을 듯한 시간, 남은 시간만이라도 느리게 걷고 싶다. 단 주위 사람들에게 짐이 되지 않는다면, 그늘에서 쉬어가는 여유도

부리고 싶다. 지나치지 않게 살아가고 싶다. 그렇게 보내고 싶다.

내가 앉은 의자, 책상, 회사 일 하라고 받은 자동차, 내 것은 없다. 얼마 있지 않으면 신분증 하나만도 못한 존재가 될 것이다. 기한이 만료된 법인카드처럼 말이다.

봄 같은 사원, 대리 시절을 보내고 여름 같은 과장, 차장 시절을 보냈다.

늦가을이 오면 겨울 맞을 채비를 해야 하지 않을까.

거울 속의 깊은 주름에 흰머리 성성한 내 모습은 당연한데 한 살 적은 아내가 늙어 가는 것은 참 가슴 아픈 일이다.

아직 준비가 안 되었는데. 내려놓는 순간, 내려놓을 시간이다.

017

우중의 여인

 보슬비가 내리는가 싶더니 빗방울이 굵어진다. 산책을 나섰다가 소나기를 만났다. 비를 피하려 들판을 가로질러 뛰어봤지만 역부족이다. 한번쯤은 내리는 비를 우산 없이 맞고 싶은 생각이 들었는데 오히려 잘된 셈이다. 마음을 내려놓고 나니 비를 피할 이유도 없다.

 아내의 하얀 머리카락에 빗방울이 떨어진다. 한 남자와 한 여자가 검은 머리 파뿌리 되도록 살고 나면 거기 비로소 고요하고 아름다운 도통의 경지가 있을 것 같았다는 박완서 작가의 말이 생각난다.

 우산을 쓰지 않은 채 아내와 가로수 길을 걸었다. 한 여인과 이렇게 오랫동안 비를 맞을 줄이야. 손꼽아 보니 서른 해가 넘었다.

 물기 머금은 아내의 흰 머리칼을 쓰다듬어 주었다. 참으로 오랜만이다.

018

늑대 같은 남자

　고향을 다녀왔다. 어릴 적 첩첩산골에는 늑대가 마을까지 내려와 닭을 물어가곤 했다. 그것도 대낮에 말이다. 늑대 울음소리가 들리면 이불 속으로 숨었던 기억들이 아련하다.
　늑대는 인내심이 뛰어난 동물이다. 특히 몸은 셰퍼드를 닮았다. 다만 꼬리를 위쪽으로 구부리지 않고 항상 밑으로 늘어뜨리고 있는 것이 개와 늑대의 차이점이기도 하다. 꼬리는 긴 털로 덮여 있으며 발뒤꿈치까지 늘어졌다. 눈은 비스듬히 붙어 있고, 귀는 항상 빳빳이 일어서 있다.
　어릴 적 개를 참 좋아했다. 개와 늑대는 사촌 비슷한 것이라고만 생각했다. 여름철이면 산에 소 먹이러 가고 겨울이면 나무하러 다니며 늑대가 얼마나 무서운 동물인지 동네 형들에게 이야기를 들었다. 생각이 조금씩 달라지긴 했지만 그렇다고 무서움의 대상은 아니었다.
　아홉 살 무렵으로 기억된다. 동네 어귀 먼발치에서 늑대와 맞닥뜨린 적이 있는데 오줌을 지릴 정도로 무서웠다. 난 줄행랑을 쳤고 다행히 동네 어른들의 도움으로 화는 면했다. 그 일이 있고 난 뒤 몇 날 밤을 늑대에게 쫓기는 꿈을 꾸곤 했다.

늑대는 목표물을 정하면 밤낮 할 것 없이 공격할 기회를 엿본다. 몇 날 며칠 동안 목표물을 놓치지 않고 주위를 맴돈다. 5~6일간 굶어도 살 수 있다고 한다. 그들은 급하게 서두르지 않고 목표를 포기하지도 않는다. 그러다 보니 일단 공격하면 만족스러운 결과를 얻는 편이다. 늑대는 묵묵히 참을 줄 알고 기다림이라는 것을 알기에 사냥감을 얻는 데 성공한다.

'그래서 남자를 늑대라고 하는지 알 수 없다.'

늑대는 철저한 일부일처제로 보통은 가족 단위로 생활한다. 물론 그들의 무리에서도 예외는 있지 않을까.

요즘 주위에 작은 일을 참지 못해 큰일을 망치는 경우를 종종 보곤 한다. 무조건, 오랫동안 참아서는 안 되겠지만 적절히 참을 줄 아는 지혜도 중요하리라 본다. 어떤 일이든 지나치게 독단적으로 버틸 필요도 없고, 지나치게 의기소침해져 움츠릴 필요도 없다.

어려운 처지에 몰려 위기에 처하더라도, 버티고 견디다 보면 아직 희망은 있다.

세상 남자들이여. 늑대만큼 감내할 수 있다면.

019

달빛 비치면

　우거진 풀숲길을 헤치며 아버지를 찾아 나선다. 비가 온다는 예보가 있었지만, 날씨는 흐린 듯 맑은 듯 어정쩡하다.
　길섶의 찌르레기 소리가 가까워졌다가 멀어지더니 조용하다. 칠월의 장맛비가 밤새 내리더니 소강상태. 후텁지근한 날씨, 여름이 성큼 뛰어든다.
　평소 좋아하셨던 두유 하나, 닭튀김 몇 조각을 봉분 앞에 두고 먼 산을 바라보았다. 아버지 모습 닮은 구름이 산허리에 걸려 있다.
　달맞이꽃이 길 언저리마다 피어 있다. 노란빛이 예쁘긴 하지만 산소 주위에 퍼지기 시작하면 종잡을 수 없다. 쉬이 번식되는 터라 비 온 뒤 풀과 함께 제거하면 한결 수월하다. 마음의 근심을 걷어내듯 풀을 뽑고 치웠다.
　아버지가 살아온 삶 아래 내가 걸어온 삶이 투영된다. 풀은 풀대로 달맞이꽃은 달맞이꽃대로 백일홍은 백일홍대로, 각자 나고 자라고 꽃을 피우고 진다. 시기하지도 않는다. 그렇게 자연스럽게 살다 바람 불면 향기를, 바람 불면 꽃잎을, 또 바람 불면 달빛을 흔든다. 달빛이 비치면 달맞이를 간다. 노란 달빛 따라 노랑나비 한 마리 너울대며 밤하늘을 날아간다.

020
뒷모습

장맛비가 내리더니 날씨가 후덥지근하다. 아침 일찍 운동장으로 향했다. 며칠 동안 운동을 거른 탓에 몸도 마음도 묵직하다. 막내 운동화를 신고 운동장을 몇 바퀴 돌고 급하게 출근을 준비한다.

주방 쪽을 무심코 바라보았다. 아내가 차지하는 공간의 무게가 가볍지만은 않다. 후줄근한 운동복에 구멍이 숭숭한 러닝을 입은 그녀의 뒷모습. 하루하루 삶이 엮인 가장 순순한 모습이다. 음식을 만드느라 내가 다가온 줄도 모르고 도마에 마늘 다지기가 한창이다. 남편 아침상 챙기느라 바쁘다. 어쩌면 아내의 뒷모습은 젊은 시절 그녀의 모습이 아니다.

거울에 비친 얼굴이 보인다. 꾸밀 수도 없는 뒷모습은 어디로 자취를 감춰 버렸는지. 내가 나를 돌아보지 못하듯 나의 뒷모습은 어디에선가 누군가 보고 있을 것이다. 그 모습이 걸어가는 모습일 수도 있고, 누군가를 기다리는 모습일 수도 있고, 고뇌에 찬 모습일 수도 있다. 앞만 보고 달려온 시간, 열심히 살아가는 우리 가족을 뒤돌아보게 하는 아침이다. 누군가에게 뒷모습을 허락한다는 것, 사람이 떠난 자리를 보면 그 사람을 안다고 한다.

내가 보지 못한 나의 뒷모습은 지금까지 어떻게 비추어졌을까.

021
남자들만의 세상

둘째와 막내, 남자들만의 여행을 계획했지만 주말마다 장맛비가 내린다. 며칠을 고민 끝에 이번 주말은 비가 오더라도 남자 셋이 여행을 떠나기로 했다. 금요일까지만 해도 이번 주말에는 비가 온다는 예보가 있었다.

주말 날씨는 맑음, 우리의 얼굴은 해맑음이다. 남자 셋이 거제 구조라 해수욕장을 향해 가는 길. 장유휴게소를 들르고 거가대교 휴게소에도 들렀다. 차도 한 잔 마시는 여유를 가진다. 중간중간 쉴 수 있는 휴게소, 삶도 휴식이 필요하지 않을까.

거제 펜션에 둘째와 막내가 숙박을 예약했다. 마트에 들러 아이들과 장을 보는 재미도 여행의 묘미다. 주인장이 미리 준비해 둔 숯불에 삼겹살과 새우를 굽는데 어찌나 냄새가 고소하던지. 약간의 허기가 있었던 터이기도 했지만 바다에서 불어오는 해풍이 마음을 들뜨게 했다. 거기에다 막걸릿잔이 한 순배 돌고 나니 흥이 절로 났다. 좌청룡 우백호와 함께한 달큰한 하루가 저문다.

해무가 낀 구조라 해변 파도가 밤늦도록 신이 나 철썩인다. 박수 소리 밀려왔다 쓸려간다.

022

엄마 별

밤하늘 별똥별이 떨어진다. 별은 아름답다. 비가 그친 후 어둠이 짙을수록 더욱 그러하다. 까만 실루엣 같은 하늘에 은색 물감을 흩어 뿌린 듯 반짝이는 별빛, 우리 삶에도 반짝이고 빛이 나는 날이 더러 있다.

북두칠성 인근의 어느 별똥별이 몇 차례 떨어졌다. 세상 살아갈라치면 별같이 잘나고 예쁜 사람은 꺾이기 쉽다. 세상의 시기 때문일 수도 있고 자칫 겸손함에 마음을 다치는 수도 있다. 별같이 높은 위치에 있는 사람이 낮은 자세를 유지하기는 여간 어려운 일이 아니다.

동이 트지 않은 새벽녘 별빛이 사라졌다. 천둥소리가 장대비를 몰고 왔다. 하늘에 구멍이 뚫린 듯 장맛비를 쏟아 부었다. 그 길을 헤치고 엄마를 보고 출근했다. 아프지 않았으면 좋겠다.

하늘에 이름난 별자리 하나가 있다면 그건 분명 엄마를 닮은 별이지 않을까. 우리들의 심장에 반짝이는 엄마 별 하나.

엄마를 볼 수 있어 참 다행이다.

023

중요하다

세상을 살아갈라치면 중요한 게 참 많습니다. 돈도 중요하고, 명예도 중요하며, 건강도 중요하다고 합니다. 특히 함께 사는 가족의 중요성은 말해 뭐하겠습니까.

직장을 다니며 학업에 대해 고민한 적이 있습니다. 학벌이 다는 아니지만 시기에 따른 공부도 무척 중요합니다. 가장 힘들 때 찾게 되는 신이 있다면 신도 중요하겠죠. 하느님도 그렇고요. 부처님도 마찬가지입니다. 성모마리아님도 빠지면 섭섭하겠죠. 그중에 가장 중요한 게 있다면 누가 뭐래도 나입니다. 남이 아닌 자신입니다.

때론 삶이 벅차 허덕일 때도 있습니다. 힘든 순간에도 포기하지 않고 할 수 있다는 자신감, 중요한 건 자신의 신념과 확신입니다.

삶이란 어쩌면 나를 알아가는 일 아닐까요. 곰곰이 생각해보니 나는 아직도 나를 잘 모르겠습니다.

024
거 리

앞산 마루 밤하늘에 촘촘히 박힌 별들이 빛난다. 눈을 감았다 떠도 한 뼘 정도 거리를 두고 유난히 반짝인다. 어둠이 짙으면 짙을수록 별은 더 초롱초롱해진다. 까만 밤하늘에 반짝이는 별은 그래서 더 빛이 나고 아름다운 것인가 보다. 한 치 앞이 보이지 않는 어둠의 시간이었다. 35년 전의 내 모습이 그러하지 않았을까. 몸이 아파서라기보다 마음이 힘들었다. 막막하고 깜깜했다. 용접학원에 다니며 대기업 취직을 꿈꾸던 젊음은 학원의 부도로 기술도 배우지 못하고 가진 돈을 전부 날려버렸다. 허무했다. 돈도 돈이지만 사람에게 배신당하고 보니 속았다는 자체가 마음을 힘들게 했다. 나의 어리석음이었다. 그 구렁텅이에서 빠져나오기까지는 꽤 많은 시간이 필요했다.

거리, 적당한 거리는 마음을 편안하게 한다. 그해 여름 어머니와 난 대청마루에 누워 앞산 산마루터기에 걸린 밤하늘을 바라보았다. 별빛을 보며 어릴 적 이야기보따리를 풀어내었다. 첫닭 울음소리가 가물거리는 별들을 흔들어 깨울 때까지 내 이야기를 들어주었.

기억 속의 추억이 흔들린다. 당신 기억에서 가장 빛났던 순간을 찾아본다. 아기와 어머니의 숨결이, 심장 박동 소리가 그대로 전해졌을 터인데. 어머니 숨소리 고요하다.

025

느긋하게

시간이 흐른다. 어떨 때는 초침같이 또 어떨 때는 분침같이 빠르고 느리게 흘러간다. 모든 것은 마음먹기 나름이라지만 마음 다잡기가 쉽지만은 않다.

어젯밤 잠을 설쳤다. 일어나지 않은 회사 일을 가지고 온갖 상상을 펼치며 걱정하며 뜬눈으로 새벽을 맞이했다. 아침 녘에서야 살포시 잠이 들었다. 짧은 시간 큰 강물 같은 지류를 만나 하염없이 떠내려갔다. 나 말고 옆에 한 사람이 있었던 것 같은데 얼굴이 생각나지 않는다. 폭포를 몇 미터 앞에 두고 다행히 멈춰 섰다. 폭포 앞에서 놀라 몸을 돌렸다. 긴 물줄기를 거슬러 쳐다보았다. 꿈이었다.

인생은 짧다. 하루하루, 매 순간이 얼마나 소중한지. 짧게 산 삶이지만 오십여 년을 살며 내가 배운 건 하나 있다.

'행복이란 조건이 아니라 선택이고 실행력이다.'

즐겁게 살려면 선택하는 법에 익숙하고 쓸데없는 걱정은 하지 말아야 할 터이다. 걱정한다고 문제가 해결되지는 않는다. 걱정해서 해결된다면 뭣 때문에 또 걱정하는가. 내버려 두면 된다. 흘러가는 강물 바라보듯 있는 그대로 세상을 바라보면 다 해결된다. 느긋하게 생각하고 느긋하게 살다 보면 느긋한 인생이 되지 않을까.

026
마음먹기 나름

사는 게 마음먹기 나름이라 하지만 쉽게 고쳐먹을 수 없는 게 마음이다. 마음이 썩 내키지 않는 사람에게 말을 걸기란 힘이 든다. 딱히 내게 도움이 되는 것도 아니고, 그렇다고 필요한 사람도 아닌데. 마음 힘들어하며 그렇게까지 할 필요가 있느냐는 생각도 든다.

일이 꼬이는 날은 노력해도 안 되는 날이다. 뭘 해도 안 풀리는 날, 마음 고쳐먹고 다시 시도하기에 용기가 나지 않는다. 요즘 따라 노트북이 멈춰 서는 경우가 종종 있다. 오늘만 해도 몇 시간 작업한 일들이 수포로 돌아갔다. 오전 내내 작업한 파일을 되살릴 방법은 없을까. 오후 내내 한숨이 절로 나온다. 납기일이 오늘 저녁인데. 일이 꼬이고 꼬여 깊은 한숨으로 변한다. 마음만큼 생각만큼 되지 않는 하루다.

그래도 마음 고쳐먹어야지. 또 아는가. 이게 약이 될지. 짧은 시간이라도 집중하면 긴 이야기를 펼칠 수 있는 게 여유 아닐까.

시간은 흐른다. 어떠한 고민도 없이 묵묵히 흘러간다.

027

스트레스

마음, 받아들이는 힘이 약하면 상처를 받게 된다. 어떤 일에 스트레스를 받아도 흘려보내야 내가 산다. 풀어야 하는데 풀지 않으면 상처가 되고 병이 된다.

고이면 썩는다. 시냇물이 흐르듯이 흘러가야 한다. 흘려보내는 것이 지혜이다. 물 흐르듯 그냥 살아가는 거다.

무시無視하지 않으면 내가 무시당하고 만다. 그게 우리네 삶이다.

028

느림에 대하여

느리게 살고 천천히 생각하자는 마음이 생각보다 쉽지 않다. 인생 후반전은 느린 속도가 허락된 시간이다. 나이 들어 불같이 화내고 뭘 하겠다고 빨리 뛰어다니는 것을 보고 있노라면 아무래도 부자연스럽다.

할 수 있다면 지나치게 많은 돈 가지려 말고, 지나치게 큰 차 타려고도 말고, 지나치게 큰 집 가지려고도 하지 말아야 한다. 무슨 말이냐고 반문하는 이도 있지 않을까. 지나치게 빛나는 이름 가지려 애쓰지 않는다면 행복은 언제나 우리 가까이 찾아올 것이다.

그때 그러지 않았더라면, 내가 왜 그랬을까. 누구에게나 아쉬운 과거, 후회는 있다. 나이 먹을수록 말하기보다 많이 들어야 한다는 이야기를 자주 한다. 과거를 회상하다 보면 현실을 가로막는 일도 많다. 무슨 말을 들었다고 감정에 휩싸이는 행동은 되도록 피해야 하지 않을까. 나이 먹을수록 말조심하라며 그리스 철학자 플라톤도 이야기했다.

좋은 것만 생각하고 예쁘게 말해야 제대로 나이 먹는 것이다. 살아온 날보다 살아갈 날이 적은 시점에 이르렀다. 이제는 자신에게 너그러워져야 한다. 허물없고 아쉬움 없는 사람이 어디 있을까. 지난 잘못을 마주할 수 있는 용기와 자신을 있는 그대로 바라볼 수 있으면 좋겠다.

큰 욕심이 아니라면 나도 그런 용기 한 번쯤은 내고 싶다.

그게 느림에 대해 이해하는 삶이 아닐는지.

029

막내와 휴일을

막내가 전투 지휘 훈련을 마치고 왔다. 사관후보생 중 전투지휘자훈련 개인화기 사격 간 20발 중 20발을 명중시켜 '사격 최우수' 인원으로 선정되어 포상을 받았다.

휴일이라 영화도 보고 맛있는 것도 같이 먹었다. 영화 제목이 '싱크홀'이었는데 암흑 속에서 구조를 기다리며 배우 차승원이 아들과 나누는 '꿈은 별 같은 거야. 멀리 있는 거야.'라는 대사가 퍽 인상적이었다. 일상의 대화이기도 하겠지만 노력하는 아들을 보면 꿈은 눈앞으로 성큼성큼 다가오는 듯하다. 참 많이도 자랐다.

자식 자랑은 팔불출이라는데. 막내는 항상 애틋하다. 한편으로는 아버지의 마음을 가장 잘 헤아려 주는 듬직한 아들이기도 하다. 성적장학금을 받았다며 저녁은 피자에 떡볶이를 대접하겠다고 한다.

배달도 총알 같은 속도로 왔다. 정확하게 우리 집으로.

"명사수께서 주문한 건데 어련하시겠습니까."

막내를 보고 있노라면 나를 돌아보게 된다. 아버지 생각나는 밤이다.

030
화火와 단斷

    화火를 다스릴 방법이 없을까. 뜨거운 불에는 차가운 물이 약인데 침묵으로 대처할 수밖에 없다. 그녀와 난 요즘 벙어리 냉가슴 앓듯 한랭전선을 유지하고 있다.

    아일랜드 속담에 외로움보다는 싸움이 낫다는 말이 있다. 외로워하는 삶보다는 티격태격하더라도 현실과 부딪치며 살아가는 게 좋지 않을까. 다만 그것이 극단을 피하고 어느 쪽에도 치우치지 않는 게 현명한 인생살이일 것이다.

    사이좋게 지낼 방법을 터득 중인데 쉽지 않다. 한집에서 삼십 년을 살았는데도 아직 적응을 못 하니 말이다. 낮과 밤, 해와 달처럼 때론 무관심하게 적당한 거리를 두고 사는 것도 또 하나의 방법이 될 수도 있지 않을까 생각해 본다. 따로 또 같이, 가끔은 혼자이고 싶을 때가 있다.

    서로를 이해할 만한 세월이 흘렀다. 사이좋게 지내는 방법이 영 없는 것도 아닐 것이다. 생각해 보면 그녀의 말이 틀린 순간은 별로 없었다. 넓은 마음으로 무조건 옳다고 생각하고 인정하면 되는데 말이다. 변명하지 말고 의미가 있든 없든 간에 이야기를 들어주고 적당하게 맞장구만 쳐주면 되는데 그만 입이 방정이다. 남편을 생각하며 퇴근 시간을 기다렸을 아내. 낮에 있었던 이야기만 나오면 지루하다는 표정을 지으며 나 오늘 피곤하다는 말부터 나오니 어느 여인이 좋아라 할까.

휴일, 아내를 돕겠다며 베란다에 빨래를 널다 그만 수건을 떨어뜨리고 말았다. 화단花壇에 떨어진 수건은 내 손을 떠났다. 외출은 해야 하고 마음은 바빠지고 화가 올라오고 있다는 느낌이 온다. 화火단斷, 경계에 머물고 있는 나를 가만히 들여다보았다.

하루가 바다처럼 거침없이 탁 트여 보일 때가 있었다. 퇴근 시간이 좋았다. 신혼 시절에는 싸우지 않았던 나. 그때의 나는 지금 어디에 서 있는가.

031
구름

　내가 앉은 책상 앞으로 창문이 하나 나 있다. 고개를 들면 창 안으로 천주산 정상이 들어온다. 산 중턱엔 암자가 하나 있는데 언젠가는 한 번 들르겠다는 마음만 가지고 있다. 창 너머로 안개가 자욱한 날에는 풍경이 신비스럽기까지 하다.
　일 년이 넘었지만, 난 실행하지 못하고 있다. 아니 엄두를 못 내고 있다는 표현이 적절할 듯하다. 어쩌면 멀리서 바라보는 창의 풍경이 내가 기대한 것보다 실망스러우면 어쩌나, 혹시 모를 낙심 때문인지도 알 수 없다.
　때가 되면 내 마음의 창을 열고 달려갈 것이다. 하루하루 산다는 게 녹록지 않은 일상이지만 한가로움이란 어쩌면 스스로 만드는 것 아닐까. 먼발치에 보이는 오두막 암자, 누가 살고 있을는지 자못 궁금한 날이다.
　언제쯤이면 구름처럼, 바람처럼, 훌훌 가볍게 내려놓고 걸을 수 있을까.

032
집들이

　산책길을 나선다. 한전주 변압기 위 '변대' 주변에 까치 한 쌍이 집을 짓고 있다. 바람이 몹시 부는 날인데 왜 저리 분주할까. 맑고 바람이 잔잔한 날 지으면 조금 덜 힘들 거라는 생각을 해본다. 집에 와서 책을 찾아보니 까치는 집을 지을 때 바람이 부는 날 짓는다고 한다. 아마도 바람이 몹시 부는 날 집을 지으면 견고하게 지어지지 않을까. 알을 낳아도 떨어지지 않을 것이고 웬만한 비바람에도 무너지지 않을 것이다. 그러고 보면 새대가리는 말이 무색해진다.

　새들은 비가 오면 비를 온몸으로 받아들이며 움츠리고 있다. 측은한 마음이 든다. 왜 지붕을 짓지 않을까. 지붕을 만들면 비를 피할 수 있을 텐데라는 궁금증이 들기도 한다.

　새들은 자유롭다. 아마도 밤하늘의 별을 바라보다가 잠들고 싶어서 그런 것은 아닐까.

033

변便의 솔직함

점심을 먹고 회사 뒤 편백숲을 따라 산책로를 걷는다. 비 온 뒤라 하늘도 맑고 간간이 불어오는 바람이 시원하다.

이십여 분을 걸었을까. 배가 살며시 아파온다. 분명 점심을 먹고 속을 비웠는데 아마도 배탈이 난 모양이다. 숲길이라고 하지만 산책로라 사람들이 많이 오간다. 굽은 길을 돌아서자, 배 속에서 전쟁이 난 듯 요란하다. 금방이라도 똥이 나올 것 같다. 걸어 올라온 길을 뒤돌아 걷는다. 나도 모르게 점점 발걸음이 빨라진다. 숲속에 몸이라도 숨겨 뒷일을 보았으면 좋겠다는 마음이 든다. 어디선가 꽁무니뼈를 두드리면 똥 나오는 것을 지연시킬 수 있다는 말이 생각났다. 주먹을 말아 쥐고 힘껏 두드려 봤지만 웬걸 배변을 더 촉진하는 것 같다. 걸음을 걸을 수 없을 정도로 다급해진다. 궁여지책으로 생각해 낸 방법도 소용이 없다.

부끄럽기도 하고 난감하다. 참을 수 없을 지경이라는 게 이런 걸까. 쫓기듯 잰걸음으로 비탈길을 달리다시피 내려간다. 어떻게든 이 위기를 모면했으면 좋겠다. 숲으로 뛰어 들어갈까. 아니면 화장실까지 달릴까. 아픈 배를 움켜잡고 뛰면서 양 갈래 길에서 순간적으로 망설여진다. 뜀박질에 배가 울려 그런지 실수를 할 것만 같다. 어쩌지, 나이 오십 넘어 이런 난감한 일을 겪을 줄이야. 산을 오르며 봐 둔 C대학교 옆 공중화장실을 뛰어 들어갔다. 비가 한바탕 쏟아지려는지 천둥소리가 방귀 소리와 같이 고요히 들렸다.

간이화장실에 앉아 생각해 봤다. 세상에 태어난 이상 누구라도 똥을 싼다. 누구든 예외는 없다. 예외가 있다면 그건 생명이 멈춘 상태일 뿐이다. 모든 동물, 모든 사람이 그렇다.

우리는 배변 활동을 한다. 내 힘으로 똥을 싼다는 것은 행복이다. 얼마 전 지인이 입원해 있는 병원에 병문안을 다녀왔다. 배 옆구리에 '인공 항문'을 뚫어 배변하는 모습을 보니 숙연해졌다. 그렇게 건강할 수가 없었는데. 그의 아내 이야기를 듣자니 배변을 볼 때마다 힘들어한다는 것이었다. 누워서 배변을 본다는 게 쉽지는 않을 것이다. 병실에 다른 입원 환자들도 있으니 분명 힘들 것이다.

우리는 배변 활동을 할 때 독립된 공간에서 한다. 똥을 싼다는 행위는 근심을 풀고 사색한다는 것이다. 그의 소원은 '똥 한 번 시원히 싸보는' 것이라고 한다.

화장실에 붙여 놓은 아름다운 사람은 머문 자리도 아름답다는 글귀가 눈에 들어왔다. 속을 비운다는 것은 또 채울 수 있다는 것이다. 지금, 이 순간 세상에서 가장 중요한 것은 지위도 인기도 공부 잘하는 것도 돈도 아니다.

바지에 똥을 싸지 않고 위기를 모면할 수 있는 화장실과 휴지 몇 장이 필요할 뿐이다. 살다 보면 변變해버린 마음만큼 구린 것은 없다.

034

노년의 꿈

　마음이 힘들 때는 오지 마을로 떠나고 싶다. 하늘 아래 첫 고개에 아담하게 토담집 지어 살고 싶다. 장작불 지펴 가마솥 밥 고슬고슬하게 지어 붉은 노을 밥반찬 삼아 하루를 음미하며 지내고 싶다.
　근심 걱정일랑 지는 해에 던져 버리고 어둠이 찾아오면 마당에 모깃불 지피고 오로지 자연을 믿으며 남은 삶 보내고 싶다.
　가도 가도 보이지 않는 산골 끝 마을 오두막에서 세상 시름 잊고 자신을 찾을 수 있으면 좋겠다. 깊은 노을 만나러 별 친구 달 친구 손잡고 떠나는 꿈을 꾸며 잠들고 싶다.

035

눈물

삶이 힘들 때가 있다. 힘들면 쉬었다 가면 된다. 급하게 서두를 필요 없다.

오전에 반차 휴가를 내었다. 어저께 늦게 퇴근하는 바람에 주차 공간이 여의찮아 공영주차장에 주차했다. 덕분에 아침 일찍 일어나 마을 뒷산 산책로를 걸었다. 지나는 길에 차를 옮기려고 아파트 지하 주차장으로 차를 몰았다.

벽면에 바짝 붙여 주차한 탓일까. 문짝을 긁고 말았다. 사람이나 차나 너무 가까이하면 상처가 나는 법인가 보다. 아직은 새 차인데 흠집이 생긴 걸 보니 마음이 편치 않다. 사람도 마음의 생채기를 내면 서로 상처받듯이 조심해야겠다.

조금 늦은 시간에 출근하고 남보다 한발 앞서 퇴근한다. 예전엔 생각할 수 없는 여유다. 이른 저녁을 먹고 운동을 나선다. 혼자만의 시간은 정신을 맑게 한다. 삼계 운동장을 걷다가 뛰다가 하늘의 별도 올려다보았다. 요즘은 슬픈 음악을 들으면 눈물이 나기도 한다.

어릴 적에는 남자는 울면 안 된다 해서 참았던 눈물일까. 아니면 나이 들어간다는 증거일까. 어떤 날은 마음껏 울고 나면 마음이 맑아진다. 어릴 적에 비가 오면 교문 앞에서 비를 피하다가 비가 그칠 기미가 보이지 않으면 마구 뛰었다. 아예 소나기를 흠뻑 맞고 나면 마음이 그렇게 개운할 수 없었다. 옷이 젖기까지 문제지 완전히 젖고 나면 아무런 문제 될 게 없었다.

젖은 옷은 빨면 되고 옷은 갈아입으면 그만이었다. 인간의 몸을 씻어주는 것은 비누이고, 마음의 때를 닦아내는 것은 눈물이라 하지 않았던가.

울어 본 사람은 안다. 울고 싶을 때 울면 마음이 맑아진다는 것을.

036
한가로운 아침

　마음속으로 빌면 꽃이 핀다는 말이 있다. 봄 여름 가을 겨울, 꽃 피는 시기는 달라도 언젠가 꽃은 피게 되어 있다. 사람도 마찬가지일 것이다. 시린 겨울 같은 어려운 시기를 견뎌내면 따스한 봄은 반드시 다가온다. 한 송이, 또 한 송이 어렵게 피우는 꽃도 있겠지만 일순간에 피었다 순식간에 사라지는 꽃도 있을 터이다.
　꽃 피우는 일처럼 평범한 일도 없다. 꽃이 피면 열매를 맺고 땅에 떨어지고 이듬해면 새 생명의 싹이 간직될 것이다. 모든 것은 반복된다. 생명은 영원히 되풀이될 것이다.
　이른 아침 풀잎에 이슬이 살포시 내려앉는다. 숲속을 스치는 바람 소리, 푸른 이파리가 춤추는 소리, 귀 기울여 들으면 아름다운 음악이 된다.
　한가로운 아침이다. 욕심내지 않으면 사는 데 문제 될 게 무엇 있겠는가. 삶은 어울림이다. 내 마음이 여유로워야 세상이 예쁘게 보인다.

037

진행형

무작정 운동장을 걷고 있는 나를 본다. 생각 없이 걷고만 있다.

삶은 진행형이다. 앞으로의 삶을 계획하고 살아가지만 어떻게 펼쳐질지는 알 수 없다. 은퇴 이후의 하루하루 결과가 어떨지는 아무도 모른다. 급하게 생각하면 힘들고 피곤하지만 찬찬히 바라보면 즐거움이 아닐까.

살다 보면 힘든 순간도 있다. 현실의 벽에 부딪쳐 한 발짝도 앞으로 나아가지 못하는 경우도 있다. 그럴수록 한 발짝 또 한 자국 옮겨야만 한다. 나이 들면 경이로운 일들을 체험할 수 있다. 나이 먹으면 가족 부양을 위해 애쓸 필요도 없고 직장 상사에게 아부할 필요도 없다. 부자든 가난한 자든 간에 나이 들면 별 소용없어진다.

물질적으로 풍요하면 좋겠지만 그보다 더 나에게 일어나는 변화를 알아차려야 한다. 어쩌면 늙음을 인지한다는 것은 깨달음일지도 모른다.

삶의 의미, 목적 없이 떠나는 여행길은 자칫 길을 잃기 쉽다. 가고 있는 목적지를 알고 있는지 반문해 보는 저녁이다.

038
화장실 수도꼭지

멈출 줄 모르고 쏟아진다. 비틀면 지체 없이 은빛 수도꼭지가 맑은 물을 '콸콸' 쏟아낸다.

어릴 적 개울에서 물지게로 물을 길어 왔다. 그 물로 쌀을 씻고 밥을 하고 설거지를 한다. 구정물이 나오면 쇠죽을 끓였다. 물을 허투루 쓰는 일은 없었다. 물지게를 져보면 안다. 물 한 방울은 땀 한 방울이라는 것을.

산골에는 물이 귀하다. 첩첩산중, 물이 솟아오르는 옹달샘은 우리 집에서 어른 걸음으로도 이십여 분이 걸린다. 물길을 따라 높은 데서 낮은 데로 물이 모여든다. 물지게를 지고 개울까지의 길은 한참을 걸어야 한다. 흙길에 봉긋이 솟은 돌멩이에 빈 물동이가 부딪히기라도 하면 저절로 몸이 움츠러들었다. 여덟 살은 몸집이 작은 탓도 있겠지만 지게를 지기에는 어린 나이기도 했다. 항상 걱정이었다. 양철통 밑이 돌에 부딪혀 틈이라도 벌어지면 물을 길어올 수 없기 때문이다. 산골에서 양철통을 사려면 읍내 오일장이 서기까지 기다려야 하고 삼십 리 길을 걸어야 하기 때문이기도 하다.

물지게를 지면 흔들린다. 흔들리는 물지게를 지고 중심을 잡아야지만 물을 엎지르지 않는다. 내가 걸어온 시간을 들여다봐도 삶 속에서 중심을 잡는 것은 물지게 지는 일과 같았다. 물을 담은 양철통 안은 늘 긴장감으로 출렁였다. 검정 고무신 바닥에 돌멩이라도 밟히는 날에는 입이 저절로 딱 벌어졌다. 나일론 양말은 늘 고무신 안에서 미끄덩거려 벗겨지기 일쑤였다. 그래도 넘어지지 않으려면 중심 잡기를 멈출 수는 없었다.

  우뚝 선다는 건 아픔을 견디는 일이다. 수도꼭지를 여닫는다는 것은 흐르고 멈추는 일이 아닐까. 흐르는 물이 삶의 흐름이라면 수도꼭지를 뒤틀어 멈춰서 봐야 할 일이다.

  비틀면 비틀린 채로 뒤틀면 뒤틀린 채로 살아가는 수도꼭지 같은 삶 속에서 유년의 추억을 회상한다.

  낯익은 사내아이가 꿈꾸던 세상은 어디로 흘러가 버렸을까.

039

마지막 날

칠월의 마지막 날이다. 우리같이 직장생활을 하는 사람들이야 느낌이 둔할 수도 있지만 사업하는 사람은 반기 마무리하느라 정신없는 날일 테다. 첫날은 마음이 조금 가볍지만, 중순이 지나면 직원들 급여 챙기랴, 영업실적 마무리하랴 정신없이 하루를 보낼 터이다.

모든 일에는 시작과 끝이 있다. 처음과 마지막은 우리 주위에 공존한다. 고용 정년, 일의 정년, 일생의 정년도 처음 시작이 있었다.

늘 비교하고 높은 데만 바라보는 게 사람이다. 돌이켜보면 처음도 끝도 없었다. 순수한 눈으로 바라보면 모든 게 부질없을 텐데 말이다. 많이 가져 본들 건강을 잃으면 아무 소용이 없다는 것을 건강 해치고 나서야 알아차린다. 이론적으로는 모두 이해하는데 다만 잊고 살아갈 뿐이다.

대구에 있는 산업단지공단 본부에 사업설명회를 다녀오는 길이다. 도동터널 입구를 지날 무렵 멀리서부터 노랑 빛깔이 눈에 들어왔다. 스치듯 지났지만 홀로 견뎌낸 시간이 아름답다.

원추리 한 송이 노랗게 피었다. 칠월 하늘이 티 없이 맑고 높다. 내가 정한 길은 아름다운 꽃길이었고 항상 처음이고 끝이었다.

040

어머니

붉은 입술을 내미는 햇살이 구름 속으로 모습을 감춘 선선한 날이다.

출근길 막냇동생의 전화가 걸려 왔다. 어머니께서 무더운 여름에 탈이 나셨나 보다. 자식들이 안부 전화를 드리면 집에서 쉬고 계신다 하면서 밭일하는 어머니시다. 천성적으로 일을 손에서 놓지 못하는 근면한 어머니는 자식들의 만류에도 밭일에 손을 놓지 못하고 있다. 먹고사는 일이 걱정이었던 어머니의 세대, 살아오면서 습이 되어버린 것인지도 알 수 없다. 고추 몇 포기 오이 몇 덩굴의 소출이 돈으로 환산하면 얼마나 될까마는 여름과 가을을 밭에서 보내고 있다.

몇 해 전부터 겨울이 오면 어머니는 몸져눕는다. 허리 수술도 몇 차례 하셨다. 어떤 해는 가을의 수확도 맛보지 못한 채 병원에 실려 간 적도 있다. 입원도 수차례 하셨다. 나이 들어 다치면 완쾌되기도 힘들다는데, 회사 일을 내팽개치고 밭일을 도울 수도 없다. 어르고 달래 보아도 자식의 말은 한쪽 귀로 듣고 한쪽 귀로 흘리는 듯 의지를 꺾지 않으신다. 생각해 보니 고집부리며 생떼를 썼던 내 모습이 떠올라 이제는 밭일 줄이라는 소리는 당신께 하지 않는다. 주말이면 시간 되는 만큼 도와 드릴 뿐이다. 일손을 놓지 못하는 어머니만의 이유가 있을 터이다. 아마도 이 걱정, 저 걱정, 자식 걱정 밭에서 시름을 잊으려 하시는지도 알 수 없다.

오이 하나, 깻잎 한 장 자식 키우듯이 정성을 쏟으신다. 어머니는 봄부터 여름을 맞이하고 가을을 떠나보낼 채비를 한다.

자식들이 떠난 빈집, 밭일마저 하지 않으면 어떻게 세월을 이겨 낼 수 있을까.

041
마 음

거실에 있는 체중계에 오른다. 저울의 숫자를 바라보는 아내의 마음은 어떨까. 마른 체형인 아내는 살이 쪘으면 하는 마음으로 저울을 바라보고 나는 살이 조금은 빠졌지 않았을까 하는 기대감으로 저울에 오른다.

저울에 오르는 동작도 모습도 시간도 비슷한 우리 부부. 체중을 알기 위한 목적은 같으나 마음은 서로 다르다.

부부는 일심동체라는데. 무심한 저울의 숫자가 왔다 갔다 한다.

인생도 그렇지 않을까.

042
초석礎石

시경詩經 소아 편 학명鶴鳴을 살펴보면 타산지석他山之石이 나온다. 다른 산의 못난 돌도 나름대로 쓸모가 있다는 뜻이다.

다른 산의 못난 돌은 나를 보고 하는 말은 아닐까. 다듬어지지 않은 돌, 활자 공해라는 꾸지람을 들으면서 글을 쓰는 것은 후일 못난 내 글을 보며 경각심을 가졌으면 좋겠다는 변명일 수도 있다.

서툴고 부족한 글을 읽으며 타산지석으로 삼았으면 좋겠다. 글 쓰는 것을 자랑삼아 주위에 알리는 것을 경계하라 했다. 하지만 여건이 허락한다면 권하고 싶다. 퇴근해서 한 줄씩 써보는 글쓰기. 이 시간은 자신을 뒤돌아볼 수 있는 하루, 불안한 내일을 안심安心으로 돌릴 수 있는 시간으로 돌아오지 않을까 생각해 본다.

다른 산의 못난 돌도 옥을 가는 데 쓸 수는 있다. 기술 부서를 떠난 지 10여 년, 여러 부서의 업무를 경험하였다. 받아들임에 있어서 경험은 익숙함으로 인해 걸림돌이 될 수 있다. 물론 사람에 따라 정도의 차이는 있겠지만 경험은 사람을 변화시킴에는 틀림없다.

나이 듦이란 헤어짐과 연계된다. 하루를 마무리하고 한 달을 마무리하고 한 해를 맞이하고 퇴직을 맞게 된다. 역할에 충실해야 하는 단계이다.

디딤돌을 놓아 초석을 마련하는 것, 후배들을 위한 선배의 몫이 아닐까.

달빛 이울고 밤이 깊었다.

043
밑져야 본전

흰 여백 위에 글을 쓴다. 필체가 모양 나지 않은 글씨체이다. 남들 보기에도 볼품없는 악필이다. 어찌 보면 나만 해독할 수 있는 글을 혼자 묵묵히 써내려 가고 있다.

여백이 메꿔진다. 비움이었다가 채움으로 변하는 과정이다. 혼자만의 힘을 키우는 법을 터득하고 있다. 그러고 보면 글쓰기란 아무도 도울 수 없는 행위이다. 글은 혼자 쓸 수밖에 없다. 사랑하는 아내도, 나를 아껴주는 부모도 대신할 수는 없다. 글쓰기는 부담일 수도 있고 그래서 중도에 포기하기도 한다.

글쓰기는 선택이다. 어찌 보면 죽음과 상통하는 부분도 있다. 생애를 정리하는 것, 점과 점을 이어 선을 만들고 면적을 만드는 행위, 글을 쓴다는 것은 삶을 돌아보고 더 잘 살기 위한 도구이지 않을까 생각해 본다.

점심 무렵 딸아이가 다니러 왔다. 코로나가 극성이던 봄에 혼인을 한 아이의 성장 과정을 지켜보며 나를 돌아본다. 한없이 사랑스러운 모습을 보며 우리 어머니도 나를 저렇게 키웠겠다는 생각이 든다. 순간 울컥했다. 사랑해서 낳은 자식, 울고 웃으며 성장하는 시간은 순식간에 흘러간다. 지나가 버린 세월처럼 사람들은 그

사실을 종종 잊고 살아간다.

　비 온 뒤라 하늘이 맑다. 뒷산 산책을 하며 산기슭에 하얀 계란을 닮은 버섯이 대지를 뚫고 올라오는 모습이 보인다. 흙과 낙엽을 헤집고 고개를 내미는 버섯. 순간 작은 생명력의 웅장함을 느낀다. 떨어진 낙엽 하나조차도 그냥 이 자리에 있는 건 아닌가 보다.

　세상에 누구의 도움 없이 혼자 살아가는 건 없지 않을까.

044

기억 속으로

수많은 일을 경험하고 아는 것이 많아도 가슴 깊이 느끼지 못하면 아무런 의미가 없다는 말이 있다. 한 남자로 살다 보면 많은 일들을 경험한다. 넓은 세상, 멀리서 바라보는 것이라는 게 숲속의 소나무 몇 그루 같다는 생각이 들었다. 숲에서 바람을 만났다. 솔숲 사이를 소나기 소리 같은 바람 소리가 요란스럽다. 눈에 보이지 않는 바람, 잡을 수 없는 바람. 어쩌면 사는 게 바람 같은 것 아닐는지.

손 벌려 잡으려 이리 뛰고 저리 뛰어도 잡힐 듯하면서도 공허함만 몰려온다. 불어올 때 느낌이 오다가 멈추었을 때는 사라지고 마는 게 세상살이라면 바람 부는 대로 사는 것도 나쁘지는 않을 것 같다. 적어도 꺾이고 부러지지는 않을 테니 말이다.

좌절하지 않고 사는 것도 행복이다. 살다 보면 추억도 희미해질 때가 있다. 굳이 기억할 필요가 없겠지만 생각나는 일들을 애써 잊으려 노력할 필요도 없다. 숲에 바람이 불면 나뭇가지가 흔들린다. 흔들리는 숲에 바람이 지나면 고요하듯 나의 삶도 그러할 것이다.

무심히 바라볼 수 있는 어른이 되었다는 것은 가슴 먹먹한 일이다. 산 너머로 바람이 사라졌다.

내가 사랑하는 이들도 사라졌다. 바람 속에 묻혔다.

045
어처구니없는 말도 숙제

어릴 적 가을이 오면 친구들과 어울려 놀기 바빴다. 산에는 밤이 익어가고 집 앞마당에는 주홍빛 감이 주렁주렁 달렸다. 아침 서리를 맞은 홍시를 반 뚝 잘라 한 입 베어 물면 시원하고 달콤한 맛은 말로 표현할 수 없었다. 얼마나 맛있던지 꿈속에서도 달콤함이 느껴지곤 했고 아침이 기다려지기까지 했다.

하기 싫은 걸 굳이 할 필요가 없다. 때 되면 알아서 하게 되어 있는 게 삶 아닐까. 오십 넘어서면서 느끼는 게 하나 있다. 젊었을 때는 실수라는 걸 용납 못했지만 지금은 생각이 다르다. 나이를 먹는다는 건 건망증이 늘어난다는 것이다. 마음과 생각이 유연해지는 시기이며 내가 아는 게 세상의 전부가 아니라는 것도 실감하게 된다. 세상에는 참으로 훌륭한 사람도 많고 사람의 존재가 한갓 미물에 미치지 못한다는 것도 깨닫게 된다.

실수는 아무나 할 수 있는데 나는 절대 실수하지 않겠다는 생각, 자체가 실수였다. 주어진 삶의 의미를 어떻게 살아낼지 숙제다. 남은 빈칸을 어떻게 채워야 할까, 이것 또한 숙제다. 안 해도 되겠지만, 안 하면 나만 손해다. 숙제는 어떻게든 해야 한다.

아침 산책을 하며 밤나무 숲을 거닐었다. 서늘한 바람이 부는데 모기가 극성이다. 셔츠 위를 뚫고 들어온 모기 촉수, 물린 자국이 금세 부풀어 오른다. 선명하다. 피는 물보다 진하다고들 하는데. 이제 모기와 나는 피를 나눈 형제인지.

어떤 때는 말도 아닌 말이 궁금하다. 어처구니없는 말이다.

046

백 합

사계절의 복판에 신비를 선보이는 백합. 석 장의 꽃잎이 백 가지나 되는 다양한 색으로 꽃 피운다고 해서 백합百合일까. 계절 따라 피는 꽃이 당연한 듯 보이지만 세상에 꽃 피우는 것만큼 아름다운 일은 없다. 일찍 피는 꽃은 일찍 시들고 늦게 피는 꽃은 늦게 시든다. 한 박자 늦춰 생각하면 시간 지나 해결되고 이해되는 일도 많다. 그땐 도저히 용납할 수 없었는데 시간이 해결하여 주기도 한다.

느긋하게 피는 꽃이 있는 반면 봄이 채 오기도 전에 고개를 내미는 꽃도 있다. 모든 일에는 적시適時가 있다. 때에 맞게 행동해야 한다. 천지에 도움 없이 홀로 피는 꽃은 없다. 사람 사는 법도 같지 않을까. 베풀 수 있을 때 자주 만나고 즐기고 칭찬하고 도와주어야 한다.

나이 든다고 어른이 되면 좋겠지만 세상이 변했다. 나이 육십이 다 되어도 어른다운 어른이라 불리기 어려우니. 나이에 떠밀려 가듯 웬만하면 웃어넘기는 게 여유롭다. 나 자신을 보고 용서하고 사랑한다면 그게 어른 아닐는지.

같은 장소, 같은 시기에 피어도 노랑 주황 분홍 붉은 백합이 자기만의 색, 자기다운 꽃말을 만들어 낸다. 하얀 백합의 꽃말은 순수한 사랑이다. 순수한 사람으로 기억되면 좋겠다.

제3장 가을 낙엽

001
잉크 자국

와이셔츠에 검은 잉크가 묻어 나온다. 주머니에 꽂아둔 만년필 뚜껑을 제대로 잠그지 않은 탓일까.

새하얀 하늘에 먹구름 몰려오듯 울컥울컥 번진다.

어른도 가끔은 울컥울컥 울고 싶은 날이 있다.

002
늦은 출발은 없다

늦은 출발이었다. 고등학교를 졸업하고 한 직장에서 이렇게 오랜 시간 동안 근무할 줄은 몰랐다. 모든 일은 순서가 있고 때가 있는데 난 공부에 집중해야 할 시기를 놓쳤다.

결과도 중요하지만 일의 과정도 중요하다고들 한다. 순간을 알고 놓치지 않는 타이밍을 체득하기에는 항상 역부족이었다. 사회의 통념이 맞춰놓은 시계에 익숙해져 있었는지도 모르겠다. 그 시간을 벗어나려고 무진장 애를 썼다. 아마도 내 인생의 전성기는 40대 후반이었는가 보다. 따라갈 수 없을 것 같은 학력을 극복하고 글을 써보겠다고 생각했으니 말이다. 어려운 게 글쓰기지만, 나를 표현한다는 것은 즐거운 일이다.

때에 맞게 시작하면 좋겠지만, 늦으면 늦은 대로 당당하게 살아야 한다. 있는 그대로 표현하면서 말이다.

'볼드윈'은 인간이 뜻을 세우는 데 있어서 늦은 때는 없다고 했다. 늦게 출발해도 멈추지 않으면 결코 늦은 법은 없다.

003
―
말도 그러하다

　때에 따른 적절한 말은 사람의 관계를 돈독하게 한다. 말이 많으면 실수가 잦다. 언성이 높아지면 쓸데없는 일에 휘둘릴 때도 있다.
　장모님 생신이다. 아침나절부터 안사람의 손이 분주하다. 미역국을 끓여내고 떡집에 들러 떡을 사고 이것저것 준비하느라 삼복더위에 옷이 다 젖었다.
　형제지간에 모이는 시간이 일정치 않다. 하늘나라에서의 첫 생일, 평소 모습처럼 형제가 같이 모여 돈독한 모습을 보여주면 좋지 않을까라는 말에 아내는 탐탁지 않은 어투로 이야기한다.
　"각자 편한 시간에 보면 되지요."
　내 생각과 다르다고 해서 뭐라 말할 수는 없다. 다만 형제들이 같이 모인 다복한 모습을 보면 장인어른의 마음이 편할 듯한데 말이다. 하지만 그것 또한 내 마음일 뿐이다.
　하기야 돌아가신 분은 귀신같이 알고 올 것이다. '윤 서방네'가 몇 시에 왔고, 작은아들이 몇 시에 왔는지. 각자 산소에 들러도 반갑게 맞이해 주실 테고 그동안 있었던 이야기도 평소처럼 소상히 알려 주실 것이다.

사람이 모이는 곳이라면 옳고 그름을 따지길 좋아하는 사람, 이러쿵저러쿵 다른 사람의 말을 옮기는 사람, 여러 부류의 사람들이 있다. 말은 하라고 있지만 사람이 모인 자리에서 표현은 늘 자연스럽지 못하다. 차분히 생각해 보면 타인의 말은 조심스럽게 전달해야 하지 않을까. 좋은 점을 칭찬하고 본받을 것만 살펴야 할 것이다. 말을 꼭 해야 할 때는 적정한 시기에 신중하게 생각한 뒤 해야 할 것이다.

나이 들수록 말이 많아진다. 컨설팅을 하다 보면 업무 외 이야기도 종종 나누게 된다. 정치적인 이야기, 남의 이야기를 입에 오르내릴 때는 조심스러워진다. 되도록 침묵하고 싶은 마음에 화제를 돌려보기도 하지만 이 또한 쉽지는 않다. 말 때문에 시빗거리가 되니 경계해야 할 터이다.

젊은 시절의 정직과 강인함은 패기 있다. 멋있긴 하지만 상대의 마음을 다치게 할 수도 있다. 상대가 옳으냐 그르냐를 따지다가 화를 입는 동료를 몇 보았다. 살아가다 보면 많은 난관에 부딪친다. 주위 동료나 친구들의 험담을 늘어놓는 어리석음은 피해야 할 것이다. 그러는 시간에 현실적인 일, 자신이 나아갈 길에 대해 고민하고 도움되는 일을 실행하는 게 이상적이지 않을까.

보이든, 보이지 않든 간에 자기 일에 만족할 수 있도록 말은 줄이고 묵묵하게 일하면 좋지 않을까. 말없이 노력하는 습관이 자신의 운명을 바꿀 수 있다.

"그래봤자 누가 아느냐고."

반문하는 이도 있겠지만, 시간 지나고 세월 흐르면 자신은 안다. 무엇이든 한 번에 이뤄지지 않는다. 말도 그러하다.

004

영화 같은 아침

 휴일 아침, 아들과 영화를 보러 간다. 비가 오려는지 하늘이 잔뜩 찌푸려 있다. 흐린 날씨지만 두 사람 마음의 날씨는 화창하고 맑다.
 막내의 신분증으로 군경 할인을 받아 표를 예매했다. 영화 보기 전 아들과 얼굴 마주 보며 햄버거로 아침을 대신하기는 처음이다. 서구화된 아이의 입맛을 따라가긴 이른가 보다. 아직은 구수한 된장찌개가 생각나는 걸 보니.
 영화 제목은 '모가디슈' 대한민국이 UN 가입을 위해 동분서주하던 시기의 내용이다. 실화의 내용을 화면에 표현한 액션으로 두 손에 땀이 났다. 1991년 소말리아의 수도 모가디슈, 통신마저 끊긴 그곳에서 한국 대사관의 직원과 가족들이 고립되었다. 총알과 포탄이 빗발치는 가운데, 살아남기 위해 하루하루를 버텨낸다. 인접해 있는 북한 대사관 인원들이 남한 대사관의 문을 두드리고 일측 촉발의 모가디슈에서의 탈출 상황을 보며 아이와 같은 공간에서 함께 호흡하며 영화 속의 주인공들과 한마음이 된 듯 두 손을 움켜쥐었다.
 며칠 전 계룡대를 다녀온 아이는 내일 아침 학군사관 하계 훈련에 입영한다. 바쁜 일정을 소화해내는 젊음이 부럽기도 하다. 영화를 보고 나오는 길, 부자지간에 벽이 얇아진 듯 아이가 손을 잡는다. 조그만 했던 손이 많이 두터워졌다.

굵은 빗방울이 차창을 두드리고 지나간다. 소나기가 한차례 퍼붓고 지나간 하늘, 뭉게구름 뒤로 햇살이 고개를 내민다. 차창을 열었다. 아이의 마음도 아버지의 마음도 살며시 열린다.

시원한 바람 한 줄기가 달리는 자동차 안으로 들어왔다.

005
친구

하는 일이 마냥 좋을 리는 없습니다. 보이는 곳이든 보이지 않는 곳이든 함께할 수 있는 사람, 문득문득 생각나는 친구가 있습니다.

친구는 많지만 어려운 순간을 같이할 수 있는 사람은 흔하지 않습니다. 곁에서 묵묵히 도움을 주는 이, 보이지 않는 곳에서 도움을 주는 친구는 더 귀합니다. 팽팽하던 얼굴, 순수함은 퇴색되었지만 그래도 내 이야기를 들어주고 맞장구쳐 줄 친구는 한 명밖에 없을 듯합니다.

그 친구, 소중함을 잊고 사는 부부입니다. 동반자는 나를 항상 지켜보고 있습니다.

어느 날 안쓰러운 눈으로 바라보게 될 나의 거울입니다.

006

나 홀로 집에

　홀로라는 단어는 외로움이다. 홀로라는 언어는 단출함이다. 홀로는 스스로이고 따로이고 홀가분함이다.
　어느 시기부터인가 책상에 앉아 있는 시간이 잦아졌다. 홀로 한다는 건 생각을 정리하고 비우는 것이다. 민낯 그대로의 나를 놓고 가만히 들여다본다. 스스로 알지 못했던 약점과 숨겨왔던 아픈 곳, 들여다보면 볼수록 허점이 드러난다.
　나이 들면서 생각도 많이 바뀌는 듯하다. 허점투성인 나에게 좋은 인연과 선량한 기운들이 함께해 줘 이나마 지구 한 귀퉁이에 발붙이고 살고 있지 않을까. 한순간에 많은 것을 해결할 수도 없을뿐더러 오랜 시간 몸에 밴 습習을 바꿀 수는 없을 것이다.
　홀로일 때와 마주할 때, 사람을 마주할 때는 겸손해야 할 것이다. 남을 존중해야 나도 존경받을 수 있다. 물론 쉽지는 않은 일이다. 행하기는 더 어렵다. 관대하게 베풀 줄 아는 아량을 길러야만 귀한 인연을 만들 수 있다는 글이 생각나는 아침이다. 너그럽고 속이 깊은 마음.
　밴댕이 몇 마리를 아랫집에서 낚시로 잡았다며 가져다준다. 작지만 구워 먹으면 밥반찬은 될 터이다. 가끔 가져다주는 생선에

정이 담겨 있다.

밴댕이는 오뉴월이 제철이라는데 철이 조금 지났으니, 밴댕이도 철은 조금 들었겠지.

"제철 지났으니, 살면서 나도 밴댕이 소갈딱지는 되지 말아야지."

날씨가 더워지고 있다. '코로나'로 만나는 사람마다 마스크로 입을 가리고 있다. 할 말은 많은데 할 수도 없는 현실이다. 홀로 책상에 앉아 생각해 본다. 어쩌면 홀로라는 건 떠남이고 삶의 여행이지 않을까.

어울려 살아가야 하는 게 세상살이라는데 사람이 그리워지는 아침나절이다.

007
할 수 있는 만큼만

마음이 힘든 때가 있어. 마지막에 웃는 자가 진짜 웃는 것이라 이야기하는데 이 말이 맞는지 알 수는 없어. 난 말이야. 마지막에 웃기 위해 무조건 열심히 해보라는 말에 대해 동의하지는 않아.

일이 버겁다면 생각해 볼 일이야. 동료들과의 업무 분담에서 항상 업무 부하가 과중하다면 일단 능력은 인정받은 것이나 다름없어. 상사는 일을 제대로 처리하지 못하는 직원에게는 일을 많이 맡기지는 않거든.

마음을 바꾸어야 해. 역할이 바뀌면 마음의 부담은 되겠지만 그건 분명 기회야. 다른 사람이 보기에 진행하는 일이 약간 서투를지 모르겠지만 그 기회는 분명 살려야 해.

마음이 힘들다는 건 네 마음속의 에너지가 고갈되어 간다는 거야. 삶의 기준을 너무 높게 잡지 마. 낮춰야 해. 낮추면 기대감이 사라지게 돼.

이미 엎질러진 물은 담아봐야 마시지 못해. 지나간 일 후회하기 전에 잠시만 멈춰. 멀리 보지 말고 주위만 둘러봐. 옆도 보고, 뒤도 한번 돌아보고.

오늘 이 순간의 일만 생각하고 휴식해. 머리도 비우고 마음도 비워. 산책도 하고 늦잠도 자보고 며칠 쉬다 보면 생각이 정리될 거야. 실낱같은 무엇이 아련하게 잡힐지 누가 알겠어.

단 한 사람이라도 내 마음을 알아줬으면 하는 바람. 그 마음을 가장 잘 아는 사람은 바로 당신이야. 힘들더라도 긍정적인 말투를 써 봐. 너무 잘하려고 애쓰지 말고.

할 수 있는 만큼만 하면 돼.

당신이 가족의 중심이고 제일 소중한 존재야.

008

선 자리 난 자리

　진실한 마음을 전한다는 것은 어렵다. 타인에게 감동을 전하기는 더 어려운 일이다.
　자기를 내세우지 않으며 자기를 희생하는 삶을 살아간다는 것은 쉽지 않다. 더군다나 사는 게 늘 행복할 수 있는 것도 아니니까 말이다.
　휴가 사흘째 날이다. '첫째 골' 푸른 덤불 속에 황금 덩이를 닮은 누런빛의 둥그런 호박이 군데군데 달려 있다. 푸른 호박잎에 덮인 초록 애호박, 진한 황갈색의 골이 깊게 파인 늙은 호박이 밭두렁에 앉아 두런두런 이야기꽃을 피우듯 넝쿨을 뻗어 간다. 마치 할머니와 손자가 손을 맞잡고 걸어가듯 한가롭다.
　봄에 심은 씨앗이 싹을 틔웠다. 떡잎이 자라더니 쉬지 않고 줄기를 뻗으며 꽃을 피운다. 배롱꽃 필 무렵, 줄기 아래로 수꽃을 피우자 푸른 줄기는 왕성하게 나무를 타고 올랐다.
　암꽃이 피었다. 호박꽃 아래 아기 주먹만 한 초록빛 작은 호박이 넝쿨을 잡고 자란다. 비바람에 떨어지지 않으려 애를 쓰며 매달린다. 호박 하나 키우려면 건강한 호박 잎사귀 넉 장 이상이 필요하다고 한다. 척박한 땅에서 한여름의 햇볕을 받아 애호박을 키우는 정성은 손이 많이 간다.
  배려하고, 인정하고, 존중하고, 남을 돌볼 줄 안다는 것은 초록의 잎이 자기의 나아갈 길을 잠시 멈추고 주위를 살핀다는 것이다.
  내가 선 자리에서 진심을 담고, 내가 난 그 자리에서 견뎌내는 것이다.

009
동기 부여

아주 오래전 이야기지만 직장 생활하면서 힘이 되었던 말이 있다.
이 업무 "윤 과장이였기에 가능했어." "윤과장 아니면 아무도 할 수 없어. 잘했어. 멋진데."

과장 시절에 센터장께서 자주 해줬던 말이다. 그 시절에는 정말 열정적으로 일했다. 회사에 충성한다는 말, 일로써 승부하겠다고 겁 없이 덤비던 때였다.

"당신은 뭐든지 잘해. 못하는 게 뭐야. 혹시 지원할 사항이 있으면 이야기해. 일 마무리 잘 부탁해."

이렇게 말하고 퇴근하는데 미치겠더라고. 리더십이 그렇게 뛰어나지도 않은 듯한데 일을 자발적으로 하게 만드는 능력은 대단하셨다. 그때는 내가 진짜 잘하는 줄 알았다. 지금 생각해 보면 칭찬은 고래도 춤추게 한다는 글이 내게도 통용된 듯하다.

저녁에 늦도록 일하고 먼동 트면 출근했다. 일 걱정하느라 잠이 오지 않았다. '일과 삶의 균형' 그건 별나라 이야기였다.

출근하면서 옆자리를 지나며 이 말씀은 꼭 해주고 가셨어. " 쉬엄쉬엄해. 몸 아프면 큰일 나. 힘들지. 열심히 하는 모습 보기 좋아."

마지막 말은 항상 뼈가 있는 듯해서 잘 새겨들어야 했다. 나는 죽었다 깨어나도 그분의 동기 부여하는 방법을 따라하긴 힘들 것 같다.

"이 업무 한 번 해봐. 이상 있으면 책임은 내가 질 테니. 항상 긍정적이라 보기 좋아."

툭 툭 던지는 말은 아니었다. 지나면서 하는 말, 생각해 보니 내가 성장하는 데 도움이 된 말 한마디였다. 직원들의 성장을 돕는 동기부여 한마디는 꼭 필요한 것 같다.

'단 꼰대 소리 듣더라도 너무 마음 상해하지는 말았으면 좋겠다.'

010

인생의 겨울 채비

여름의 끝을 알리는 말복 아침이다. 바람이 제법 선선하다. 스쳐 가는 태풍이었지만 밤사이 바람이 제법 세게 불었나 보다. 군데군데 나무가 쓰러져 있다. 부러진 소나무 둥치에 나이테가 선명하다. 산등성이를 오르며 생각이 스친다. 언제까지 여기를 오를 수 있을까. 계절로 따져보면 늦가을로 접어든 시기인데, 난 아직 여름옷을 입고 있는 듯하다. 주위를 둘러봐도 친구들은 정년 이후의 삶을 준비하고 있는데 말이다.

인생의 겨울이 오면 추울 것이다. 내 몸을 녹일 수 있는 화롯불 하나쯤은 준비해 둬야 하는데. 내려오는 길에 나이테를 자세히 들여다봤다. 앞만 보고 달려온 나의 계절, 나이테는 얼마나 진하게 표현되었을까. 삶에 겨울이 있는 이유는 매듭을 짓고 마디를 만들고 나이테를 만드는 것인지도 모를 일이다. 살아온 흔적을 가끔은 돌아봐야 한다. 고난은 버틸 수 있을 만큼 버티어 내고, 인내해야 한다. 누가 아는가. 그 고난이 내 삶의 복이 될지.

인생은 멀리서 보면 희극이고 가까이서 보면 비극이라 말하지 않던가. 다가서지 말고 멀리서 바라보라고 했다. 인생의 겨울 채비, 시간 지나면 다 해결된다. 단 내 그릇은 조금씩이라도 키워야 한다.

011

가을 썸남

휴가 보내고 오니 일이 손이 잡히지 않는다. 쉴 때 쉬고 일할 땐 열심히 해야 하는데, 사람의 마음이 참 간사하다.

어저께 동네 뒷산을 오르면서 자연이 너무 좋아 풀 한 포기, 나무 한 그루의 삶을 닮고 싶다는 생각을 했다. 생각으로만 마음을 채우고 있다. 혼자 있어도 즐거울 때가 있고 여럿이 함께해도 외로운 순간이 있다.

어디에 있건 마음이 외로우면 힘들다. 어디에 머물러 살든 이곳에 살아야만 하는 이유가 있을 터인데. 아침나절에 바람 한 줄기가 여름을 물리고 높은 가을 하늘을 데리고 왔다.

'아이고, 문디 자슥* 입추 지나 가을 타는가 보다.'

*문디 자슥: 경상도 사투리로 모자란 녀석.

012

가실 오는 소리

 가실*은 정겹다. 벼논에 이삭이 패기 시작하면 농부의 손이 분주해진다. 나락이 영글기까지 논배미에 물을 가득 실어야 할 때가 있고 바닥에 엉그럼**이 갈라지도록 물을 빼야 할 시기도 있기 때문이다.
 벼는 익으면 고개를 숙인다. 채울 때와 버려야 할 때를 가까이서 지켜본 농부의 수고로움을 알기 때문 아닐는지. 어쩌면 농부에게 벼농사는 자식을 키우는 일인지도 모른다.
 '가실' 오면 타작하던 날이 생각난다. 탈곡기 밟느라 학교도 못 간 내 누이. 왼발로 밟고, 때론 오른발로 밟고. 지칠 법도 한데 종일토록 탈곡기를 밟으며 서 있다. 뾰족한 고리 형태의 급치가 나선으로 박힌 원통. 느리지도 빠르지도 않게, 웃는 듯 우는 듯 돌아가는 소리가 얼마나 경쾌한지.
 '와릉 가릉 와릉 가릉~'
 가실 오는 소리, 진당산 고개를 넘는다.
 '좌르르 좌르르'
 낟알 떨어지는 소리, 첫째 골 들판을 울린다.

 *가실: '가을'의 경상도 방언.
 **엉그럼: '금'의 경상도 방언.

013

어머니의 아들

병원 가는 날이다. 이른 아침부터 가을비가 추적추적 내린다. 마산을 출발해 내 고향 '안어실'까지 단숨에 달렸다. 마을 어귀 당산나무 앞을 지나자 어릴 적 추억이 묻어 있는 돌방걸*이 눈앞으로 다가선다.

생각해 보면 놀이도 참 많이 했다. 납작한 돌로 친구의 돌을 쳐 쓰러뜨리는 '벼락치기' 조그만 구멍을 여러 개 파놓고선 그 안에다 구슬을 던져 넣는 '구슬치기' 모두 추억이다. 깡통 안에다 조그만 돌을 몇 개 넣고선 한쪽 입구를 발로 다져 깡통을 세워 놓는다. 술래가 눈을 감는다. 숨은 사람을 찾아다닐 때 한 사람이 달려 나와 깡통을 차버리면 깡통은 죽는소리를 내며 데굴데굴 굴러간다. 술래가 주우러 가는 사이 그동안 잡힌 사람들이 다시 숨는다. 우리 동네에서는 이 놀이를 '통일'이라 했다. 달밤에 아이들의 웃음소리가 이 골목 저 골목을 넘어 다녔다.

놀이 도구라야 별것 없었다. 나무, 깡통, 돌멩이, 놀이문화는 대부분이 자연에서 얻었다.

통일이라는 단어는 거창하지도 않았다. 어릴 때부터 한 놀이, 통일이 왜 생각날까. 사람이 하는 일인데, 어렵지도 않을 것 같은

데.

어머니와 병원 가는 날은 어릴 적 생각이 많이 난다. 내가 아기 때 온몸에 고열이 나 생사를 넘나들 정도로 아팠다고 한다. 인적도 없는 시꺼먼 밤에 산길을 따라 내려가며 무슨 생각을 하셨을까. 등에 업은 아기 고개는 자꾸 땅으로 떨어지고 백 리 길을 반은 미친 마음으로 뛰었다고 한다. 맨발에 고무신을 신은 터라 발뒤꿈치에 생채기가 나 피가 흐르는 줄도 몰랐다고 한다. 산골에서 대구를 처음 가 본 어머니. 밤새도록 걸어 지금의 서부 정류장 근처에 당도할 즈음 먼동이 터왔다고 한다. 이 사람 저 사람에게 물어 물어 도착한 곳이 동산병원. 어머니는 다짜고짜 병원 문을 두드려 흰옷 입은 사람에게 매달렸다고 한다. 흰 가운을 입은 사람은 아마도 지금의 응급실 당직 의사였지 않을까 짐작해 본다.

의사 선생님이 3일을 넘기면 깨어날 수 있고 아니면 어렵다고 마음의 준비를 하라고 했다 한다. 어떤 병이었기에 어머니를 그토록 놀라게 했을까.

칠흑 같은 어둠을 뚫고 자식을 살리겠다는 마음 하나로 달려간 그 길을 오늘 어머니와 함께 달리고 있다.

자동차 룸미러에 비친 어머니 얼굴. 저 모습을 언제까지 볼 수 있을까.

*돌방걸: 성산면 안어실 동네 중앙의 지명. 연자방아가 위치한 자리였으며 지금은 이름만 불리고 있다.

014

웃기는 남편

만남은 즐거운 일이다. 더군다나 마음이 통하는 이와의 만남은 온종일 사람을 기분 좋게 한다.

늦은 오후, 아내와 비 내리는 오솔길을 걸었다. 작은 우산이었지만 둘이 쓰고 걷기에 충분했다.

저녁 무렵 아내가 좋아하는 오징어 짬뽕 한 그릇씩을 먹으러 집을 나섰다. 걸음을 옮기며 아내에게 항상 기분을 좋게 만드는 남편이 되고 싶다고 이야기했더니.

'웃기는 짬뽕' 같은 이야기는 그만하시라고 한다.

잘하고 있다는 의미겠지. '어험'

015

말 같지 않은 말

　나이 들수록 말을 아껴야 한다는 격언이 있다. 생각대로, 말대로 된다면 참 좋은데 말이다. 남 앞에 서야 할 경우가 많은 나는 말을 많이 하게 된다. 말을 하다 보면 의지대로 되지 않는 경우도 있다. 말을 하고 돌아서면서 후회하는 일도 허다하다.
　한 번 만나고 헤어지는 대중의 경우야 실수한들 오히려 오래가지 않지만 정작 가족에게 상처 주는 경우가 문제이다. 특히나 아내에게 말을 잘못해 꼬투리라도 잡히면 오래간다. 미운털이 박히면 차곡차곡 쌓아 두었다가 오래된 묵은지처럼 속을 끓인다. 화가 나면 찬바람이 쌩쌩 분다. 새초롬한 눈길은 엄동설한에 꺼내놓은 동치미처럼 살얼음이 언다.
　아내의 잔소리는 앙칼지긴 하지만 정겹다. 왠지 오랫동안 듣지 않으면 섭섭하고 잠이 오지 않는다. 정들면 길들여지나 보다.
　난 오늘 밤도 아내의 잔소리가 그립다.

016

그러려니

가을이 눈앞에 다가왔다. 아침 일찍 산책하는데 감 하나가 바닥으로 떨어졌다. 낮은 곳에서 떨어지는 것에 비해 높은 곳에서 떨어져 충격이 컸던 모양이다. 툭 하며 바닥을 울린다. 동그란 감 곳곳에 생채기가 났다.

사람도 마찬가지일 듯하다. 높은 자리에 있다가 떨어지면 상심 또한 클 것이다. 낮은 곳에 있는 게 어쩌면 행복일 수도.

세상일은 모른다. 애쓰지 말고 그러려니 하자. 의지대로 되지 않는 게 인생이다.

017
바쁘다는 핑계

 온갖 생각이 산으로 바다로 갈피를 잡지 못한다. 나같이 생각이 얕은 사람은 조그만 걱정거리만 있어도 좀처럼 잠을 이루지 못한다. 생각해 보면 젊었을 때보다 생각이 깊어지기는 했지만, 마음 씀씀이는 오히려 더 인색해지는 듯하다. 아마도 욕심이 연륜에 퇴적된 것인지도.

 바쁘다는 핑계로 정작 소중한 것을 놓치고 산다. 친구에게, 지인에게 연락 한번 해볼 만도 한데.

 "아이 뭐 다음에 하지. 시간 없는데."

 나이 들어 바쁘다는 핑계, 아무 소용이 없는 일인지도 모를 일이다. 살다 보면 의미도 중요하고 목적도 중요하다.

 하지만 내가 세상의 중심이라면 무엇이 중요한지 알고나 살아야 하지 않을까.

018

말이 안 통하는 그대에게

말을 이어가는 건 어렵다. 누군가에게 내 마음을 오롯이 전달하는 건 더욱 어렵다. 알아듣기 쉽게, 어린아이도 이해할 정도로 상세하고 쉽게 가르칠 수 있다는 건 상당한 인내력을 요구한다.

우리는 많은 사람 속에서 관계를 맺으며 살아가고 있다. 어떤 관계는 일방적으로 주거나 받는 관계도 있지만, 또 누군가는 서로 도움을 주고받는 이들도 있다. 우리는 무언가를 주고받는 것보다 상대가 나에게 어떤 의미로 다가오는지를 먼저 생각해 볼 필요가 있다. 주고받기보다는 인연이라는 관계를 통해 누군가에게 도움이 될 수 있다면 그것보다 더 좋은 것은 없을 것이다.

말이 통하지 않고 마음이 통하지 않는 사람에게 맞출 필요는 없다. 내 감정 소모만 이어질 뿐이다. 마음 쓰이는 일은 피해야 한다.

커다란 나무도 작은 꽃들도 각자의 영역에서 자기 자리를 지키며 그 자리에서 나고 자랄 뿐이다. 자신의 역할을 할 뿐이다.

자신의 자리에서 주어진 역할을 하며 나를 바라보는 사람들에게 도움이 된다면 그보다 좋은 것은 없다.

아무리 생각해 봐도 내가 선생님이 되지 않은 것은 천만다행이다.

019

쉬어봐야 삶이 보인다

무성한 녹음 뒤에 숨은 황량함. 가을이다. 계곡을 타고 여름이 흘러간다. 가치 있는 삶이란 무엇일까. 작지만 뭉클한 나의 이야기를 만들어 가는 게 아닐까. 철이답고, 철이스럽게 말이다.

환경이 사람을 만든다는 이야기가 있다. 누구를 만나느냐에 따라 사람이 변하고 삶의 태도가 변한다고 했다. 높이 오르면 멀리 아름다운 풍광까지 감상할 수 있다. 단 주위를 둘러볼 여유를 가져야 한다. 높은 산을 오르며 땀 흘려 본 사람은 알 것이다. 힘들다는 것을.

욕심이라는 것을 내려놓을 때 무릉이 펼쳐진다. 지나 보니 힘든 순간에는 아무것도 생각나지 않았다. 지금도 그렇지만 가질수록 번뇌가 쌓인다. 손바닥 크기만 한 휴대폰을 내 손안에서 놓지 못하고 시간 빼앗기는 걸 보니. 느끼는 바가 크다.

자기를 돌아보고 자기를 찾는 것은 어둠을 걷어내고 자기를 알아가는 것이다. 회사에서는 회사원답고 가정에서는 가장답게. 스스로 마음을 정리할 수 있을 때 사람이 사람다워지지 않을까. 힘들면 힘들수록 자기에게 득이 된다. 모든 것은 경험해 보고 지나봐야 안다. 삶이 무거운 그대, 힘들면 쉬어가야 한다. 한가로이 쉬어봐야 삶이 자세히 보인다.

020

시절 인연

차면 기우는 게 세상의 이치인가 보다. 길가에 심어놓은 토란잎에 빗방울이 모이는가 싶더니 일순간 쏟아 버렸다. 물이 차면 토란잎은 뒤집어진다.

무겁지 않아야 가볍게 살 수 있다. 사람의 욕심도 마찬가지일 듯. 한쪽으로 치우치지 말아야 한다. 다 채우지도 말아야 한다.

021
쉼표와 마침표

문인협회에서 격월간 수필집을 보내왔다. 수필을 읽다 쉼표를 만났다. 첫 문단의 강렬함 뒤에 따라붙는 쉼표.

쉼표, 쉬어가는 시간이다. 쉴 때 쉬지 않으면 숨이 가빠진다. 단순한 진리를 지키지 못하는 우리.

쉴 때를 놓치고 허둥지둥하다 보면 이내 마침표가 다가온다. 마침보다는 물음을, 물음이 느낌으로 바뀔 때 진정한 쉼이 아닐는지.

헐떡이며 살다 마침표를 찍는 게 인생인지도.

022

지나면 추억이다

뜨거웠던 한낮의 기온도 어스름한 저녁이면 수그러든다. 햇볕이 따가울 때는 그늘에서 잠시 쉬어야 할 터이다. 인생도 그러하다.

아내는 나와 살며 변변한 외출복 하나 장만하지 못했다. 아이 셋을 키우느라 구멍 난 양말이며 해진 속옷을 아직도 기워 입는다. 늘 부족했던 장남의 자리, 남편의 자리를 말없이 채웠다.

먼 길, 부임지를 따라 이사한 아이들의 기억. 아내 혜숙 씨에게 남편 윤진철은 어쩌면 무심한 세월일지도 모르겠다.

작은 집 장만해 이사 가는 날, 어릴 적 시계를 돌려보는 삼 남매가 울다가 웃는다.

023

감자 봤어

하얀 분이 묻어나는 감자를 무려 일곱 개나 먹었답니다. 이제 감이 조금 잡힐 듯도 합니다.

주말 작업 현장에 '패트롤'*을 다녀왔습니다. 처서가 지났지만, 오후 한나절 내리쬐는 햇살에 얼굴이 검게 그을립니다. 발전소를 구축하는 작업자들의 수고로움이 느껴집니다.

며칠 동안 가을 장맛비에 이불이며 신발이며 입으려는 옷들이 모두 눅눅합니다. 주말 햇살은 유난히도 반갑고 기분 좋습니다. 아내가 베란다 창문을 열고 먼 하늘을 바라봅니다. 건조대에 널린 뽀송뽀송한 옷을 만지며 나중에 햇살이 되고 싶다고 합니다. 갑자기 뭔 뜬금없는 소리 하느냐고 투덜대며 발 옆에 놓인 감자 박스를 '툭' 찼습니다. 감자를 물끄러미 바라봅니다. 나는 나중에 뭐가 될까요.

감이 도통 오지 않습니다. 싹이 난 감자를 잡아 봤습니다.

"감자 봤어. 감 잡았어."

아내가 햇살이 되면 난 바람이 되고 싶습니다.

햇살이 내리쬐고 바람이 살랑살랑 불면 이불 홑청이 뽀송하게 잘도 마르겠지요.

*패트롤: 사람들의 안전을 지키기 위하여 순찰 활동을 하는 안전 요원.

024

수 행

사람은 자신의 모습을 잘 보지 못한다.

입사하고 처음으로 수행 PM* 업무를 맡았다. 수행업무를 수행 修行처럼 한다면 세상살이 어려움이 없을 듯하다. 사람과의 관계를 풀어 나간다는 것은 어려운 일이다. 과정을 잘 견디며 몸에 배도록 하는 것, 전심專心을 다 하는 것이다.

남에게 피해를 주지 않는 범위 내에서 무슨 일이든 포기하지 말고 전심全心을 다 해야 한다. 요즘 들어 열정이 없는 무미건조한 생활을 하는 건 아닌지. 뜨거움 없는 미지근한 가슴으로 살아가는 건 정말 싫은데.

자신의 한계를 아는 것이 성장의 첫걸음이라 했다. 잘 버텨야 한다.

한계를 한 단계 넘어서려면 잘 견뎌야 한다.

---

*수행 PM: 사업의 프로젝트 관리자 Project Manager

025

회사와 이별

오십 넘어 회사를 뛰쳐나갈 수 있는 힘을 길러야 한다. 퇴직 시기가 다가오면 대충 마무리하고 시골에서 전원생활이나 하지라는 생각을 가지는 분들이 많다. 벌어놓은 돈이 많으면 그나마 다행이지만 나를 비롯해 직장인의 대부분이 투자와 돈벌이에는 젬병이다.

돈이 인생의 전부는 아니지만, 돈이 없으면 더 비참해진다. 내 생각에는 회사에 뼈를 묻겠다는 각오로 열심히 자기계발을 해야 한다. 아무쪼록 지금의 회사를 디딤돌로 삼아 내공을 축적해야 밖에서도 적응할 수 있지 않을까.

회사를 사랑하는 것도 좋지만 모든 것에는 이별이 따른다. 오늘 밤에 빛나는 별이 내일은 별 볼일 없는 일이 될 수도 있다. 우리는 그것을 퇴직이라 한다.

명심하라.

준비 없이 맞는 늦가을은 생각보다 춥다.

026
차 례

　명절이 되면 어머니들은 분주해진다. 차례 상에 올릴 과일이며 생선, 전, 나물 종류를 장만하느라 눈코 뜰 새 없다.
　세월이 흐르고 시대가 변하고 있다. 코로나 팬데믹 영향 탓도 있겠지만 세상은 분명 변했다. 할아버지, 할머니 제사를 함께 모아서 지내고 첫닭 울기 전 자시에 지냈던 제사를 초저녁에 모시고 있으니 말이다. 그도 그럴 듯 사회생활 하느라 객지에 뿔뿔이 흩어져 있으니 그나마 이렇게라도 모여 제사를 지내고 형제간에 우애를 돈독히 하는 집안도 드물다.
　요즘은 묘사墓祀도 벌초할 때 모여 같이 지낸다고 한다. 아마도 바쁘게 살아가는 현대인들의 모습이 아닌가 생각해 본다. 지금 베이비부머 세대들이야 벌초를 한다고들 하지만 후세대에는 아마도 기대하기 힘든 일이라 생각해 본다. 그나마 시간은 많이 줄어들었다. 필자가 어릴 적에만 해도 숫돌에 낫을 갈아가며 온종일 산소 주변에 쪼그리고 앉아 풀을 깎았다. 지금이야 서서 예초기를 이리저리 돌리기만 하면 기계가 알아서 깎아주니 그나마 수월하다.
　지난주 큰아들과 함께 아버지 산소 삭초 작업을 했다. 군복무를 마치고 무사히 가정으로 돌아온 아들, 예초기를 짊어진 모습이 의

젓해 보이기는 하지만 왠지 모를 걱정이 앞선다. 아이에게 짐이 되지 말아야 할 텐데. 익숙한 것을 버리고 용기를 내면 행복이 보인다는 말이 있다.

 차례를 지낸다. 아버지의 자리에 내가 서 있다. 초헌 잔을 올린다. 이 자리는 아버지의 자리였는데. 익숙하지 않은 자리가 점점 익숙해진다는 건 분명 시간이 흐르고 있다는 것이다. 아버지의 자리, 그 자리는 너무나 컸다. 두 동생의 결혼식 자리에 아버지를 대신해 앉았을 때 눈물이 났다.

 먹고사느라 아버지의 소중함을 잊고 지냈다. 딸아이 혼사 이야기가 오가는 것 보니 새삼 세월의 흔적이 그립다. 살아가며 자식 농사짓기가 제일 힘들다고 하는데. 벌써 가을이다.

 차례를 지낸 명절 아침, 아버지 뒤에서 마냥 즐거워했던 그 자리.
 '차례, 벌써 우리 차례인가 보다.'

027

밤

자줏빛이 도는 푸른 밤송이 하나가 벌어지며 알밤이 '툭' 하고 떨어졌다. 동글은 알밤 겉껍질을 이빨로 깨물어 벗겼다. 생밤 한 톨, 옅은 갈색 안 껍질을 앞니로 돌아가며 벗겼다. 떫은맛이 난다. 보늬*를 덜 벗기면 떫다. 이게 인생인가 보다.

생밤 한 톨의 아픈 기억이 자꾸 찌른다. 밤송이 같은 삶, 누군가에게 상처를 주며 살아오진 않았는가. 나뭇가지 부여잡고 폭풍우를 견뎌내고 무더운 여름날을 보냈다.

길가에 선 꼬마들이 밤나무를 향해 돌팔매질한다. 돌 하나가 자신의 전부를 다해 날아간다. 밤송이 하나가 흔들린다. 가을 태풍에도 견뎌낸 밤송이 하나, 땅바닥에서 알밤과 긴 이별을 한다.

맘처럼 토해 내지 못한 밤, 살면서 한번은 마음 흘러가는 대로 살고 싶었는가 보다.

*보늬: 밤이나 도토리 따위의 속껍질.

028

큰바람

태풍이 북상한다는 소식에 회사 전체가 부산하다. 초강력 태풍이 한반도 남부를 강타한다는 소식에 이틀 전부터 비상 체제에 돌입했다. 바람이 세차게 불면 통신회사 직원들의 손길도 바빠진다. 중계소, 도서에 설치된 철탑의 안테나 시설과 국사의 통신시스템 순회 점검을 하느라 거제, 통영 등 경남 인접 국사에 전진 배치가 된다. 밤새도록 차 안에서, 국사 안에서 대기를 한다. 국민에게 안정적인 통신 서비스를 제공하는 게 주요 목표이다.

비바람이 다행히 제주도에 근접해 스쳐 지나간다고 한다. 걱정한 것보다 비도 많이 오지 않는다. 마음에 큰 상처를 입히고 지나갈 뻔했던 태풍. 바람이 숨을 참고 견디어 낸다. 덕분에 오곡백과가 영글어 간다. 계절이 바뀌는 걸 보니 저 홀로 되는 일은 없는가 보다.

중요한 것은 눈에 보이지 않는다. 우리 주위에 있는 공기가 그러하고 사랑이 그러하고 인연이 그러하다. 우리는 늘 누군가에게 도움을 받으며 살아가고 있다. 보이지 않는다고 해서 나 혼자는 아니다. 바람이 조용히 지나가길 간절히 바라던 마음이 하늘에 닿았는가 보다.

내일이면 푸른 들판에 가을 햇발이 천연스레 내리쬐고 평온이 찾아올 터이다.

높다란 하늘에 깃털 같은 구름이 떠간다. 울며 태어나 웃으며 돌아갈 운명처럼 가을바람은 우리를 인간으로 돌아가게 만든다.

029
공평한 삶이 있을까

가을이 익어간다. 늦가을 아침 소슬바람이 낙엽을 쓸고 간다. 한세상 살다 보면 맑게 갠 날씨도 있고 흙탕물 튕기는 얄궂은 날도 있다.

날이 저문다. 달이 무학산 정상에 걸렸다. 저무는 달빛, 저물어 가는 달빛, 저물다가 지친 달빛이 가을밤을 머금었다.

사람들은 표현하지 않으면 모른다. 상대방 마음이 어떤지. 자기 중심적인 삶이라 하지 않던가. 입 다물고 일하면 원래 저 사람은 맡겨 놓으면 잘한다는 인식만 강해진다.

힘들면 견디지 말고 표현해야 한다. 조곤조곤 이야기하다 보면 섭섭함도 사라진다.

공평한 삶은 없다. 이야기해야 공평해진다.

030

첫사랑

은행나무가 줄지어 선 도로를 따라 우체국으로 향한다. 참으로 오랜만에 편지를 써서 첫사랑 친구에게 보낸다. 군대에 있을 때 위문편지 몇 차례 쓰고 결혼할 무렵 아내에게 편지 보낸 것 말고는 기억이 없다. 20대 후반의 시골 생활은 오전 시간대 우체부가 걸어서 편지 배달을 했다. 시골 오두막에 편지를 배달하는 우체부 아저씨가 무척이나 여유로워 보였다.

지금이야 세상 물정을 다 알아버렸고 편지 쓰는 것보다 메신저나 메일 사용이 보편화되어 버렸으니, 예전보다는 기다림이란 것에 대해 애틋함이 많이 사라진 것 같다. 손 편지는 정성이다. 옛날이 그리운 것은 때론 마음을 전하는 매개체가 순수하기 때문이다.

첫사랑의 기억이 오래가는 것도 순수하고 애틋하기 때문이었을 것이다. 내 첫사랑이 베란다에서 넌지시 바라보고 있다.

"아뿔싸, 빨래 널 시간인 걸 깜빡했다."

031

매 순간이 그리움

　스쳐 가는 순간이 문득 그리움이다. 초하룻날 나와 다짐했던 약속들이 달빛을 받은 연못의 물결 속으로 사라져 버렸다.
　나이 먹는다는 건 해와 달을 먹는 것인지도 모일 일이다. 생각해 보니 여생을 함께 즐길 진정한 친구가 과연 몇이나 될까.
　물속에 잠긴 달은 그림자가 없다. 어느 밤이고 휘영청 떠올랐다 소리 없이 서산으로 기운다. 늦은 시간까지 달의 그림자를 쫓아 달렸건만 손에 잡히지도 발에 밟히지도 않는다.
　마음이 한가로운 날이 없다. 중심을 잡지 못하는 게 세상 탓만은 아닐 터이다. 가끔은 달빛이 드는 창가에 우두커니 앉아 "이러고 사는 게 정답일까." 화두를 던져보기도 한다.
　바쁘게 사는 것이 인생이라면 분주한 마음을 잠시 내려놓아야겠다고 하루에도 몇 차례 생각이 불쑥불쑥 솟는다. 산다는 건 여행이다. 같은 길을 걷는 도반도 목적지에 가까워지면 각자의 길로 걸어가야 한다.
　씁쓸한 고독을 위로하며 괜찮은 척 길을 나섰다. 괜찮지 않은 하루를 사는 그대여 매 순간이 그리움이다.

032

데드라인

맞닥뜨리면 지나간다. 오지 않을 것 같은 시간도 한 치의 흐트러짐 없이 밤과 낮을 지나 눈앞에 다가온다.

중학교 때는 고등학생 되고 싶었고 고등학교에 다닐 때는 빨리 어른이 되고 싶어 아버지 양복을 입어보곤 했었다. 군대라는 곳은 비슷한 나이의 젊음들이 모여 상상력을 뿜어내는 정말 험난하고 굉장한 곳이었다. 사회인이 되면 뭐든 할 수 있을 것 같은 엄청난 용기를 심어주었다. 물론 군대 가기 전의 마음으로 원상 복귀하기까지는 긴 시간이 걸리지 않았지만.

모든 일은 시기가 있다. 해야 할 때를 살피고 가야 할 길을 아는 것은 인생에서 한 번쯤은 생각해 봐야 할 문제들이다. 일이라는 게 뜻한 대로 되면 좋지만 그렇지 않은 경우가 대부분이다. 사람과의 관계는 더욱 그렇다. 뒷담화하고 비방하고 모함하며 떠나간 사람이라면 차라리 인연을 이어가지 않는 게 마음 편하다. 그러려니 하는 생각, 세상 이치를 이해하면 '데드라인'이 다가와도 흔들리지 않는다.

큰일을 겪어보면 사람의 심지를 파악할 수 있다. 세상 사람 모두가 적으로 돌아서도 나는 내 편이라는 생각, 누가 뭐래도 자신에게 용기를 줄 수 있는 사람은 나뿐이다.

033
선택이라는 단어

　월력에 추분이라는 절기 표시가 선명하다. 사무실 동쪽으로 난 사각 창에는 한 폭의 풍경화 같은 가을 하늘이 걸렸다. 옥빛 바탕에 목화솜 같은 하얀 구름이 잔잔하게 피었다.

　태풍과 폭우가 와서 힘들었던 9월이었다. 길 건넛집 마당에는 붉은 대추알이 여물어 간다. 올해도 얼마 남지 않은 월력을 보며 세월의 빠름을 느낀다. 삶은 항상 선택의 기로에서 고민해야 하는가 보다. 직장생활 30여 년 속에서 명예퇴직이라는 선택을 네 차례나 겪었으니. 생각해 보면 순간순간의 선택이 운명을 바꿔 놓은 듯하다.

　둘 중의 하나. 때론 여러 가지를 선택하고 좋아하기도 하고 실망스러워하기도 한다. 선택의 기준과 과정은 신중을 기해야 한다. 삶의 모든 순간이 소중하기에 한순간의 선택은 사람의 운명을 바꾸어 놓기도 한다.

　어릴 적 뛰어놀던 고샅길에서도 선택의 갈림길에 선 추억들이 있다. 아주 가끔은 내가 가지지 못한 것에 대한 후회가 밀려오기도 한다. 누군가의 삶이 부러울 때도 있다. 그래서 삶은 고단하고 외롭고 아프기도 하다. 선택을 받아들이면 행복한 운명이 되지 않을까. KT에 입사해 수많은 선택을 했다. 입사한 것도 선택이었다. 컬쳐리더와 강사의 길을 택했고 또 어느 날은 작가의 길을 선택했다.

선택의 정답은 없다. 바른길 틀린 길도 없다. 단지 세상에 맞춰놓은 시간에 끌려가지 않으면 된다. 늦든 빠르든 마음먹고 해야 할 일, 때에 맞춰 움직이면 되지 않을까.

아파트 숲 사이 고추잠자리도 살아보겠다고 저리 날갯짓하는데 만물의 영장인 사람이 단념해서 될 일인가.

늦으면 늦은 대로 천천히 걸어도 괜찮다. 늦게 가도 아무 일 없다.

034

돌탑

산책을 한다. 뒷산 오르는 길에 오십 대 중반쯤 되어 보이는 아저씨가 돌탑을 쌓고 있다. 길옆에 흩어진 돌을 모아 홀로 나르고 있다.

가장자리에 돌을 둥글게 놓고 결과 결을 맞닿게끔 이어가며 돌탑을 쌓는다. 어떤 마음일까. 탑 위에 돌 하나 얹어 본다.

돌 하나에 사랑을 담고 돌 위에 조바심을 올려놓는다.

가슴에 묵직한 돌 하나 조용히 내려놓았다.

고요하다. 마음도, 숲도.

035

지 갑

 찬 바람이 거리의 낙엽에 생명을 불어넣는지 이파리들이 이리저리 나뒹군다. 움직임은 살아 있다는 증거이기도 하겠지만, 목적도 방향도 이유도 없는 움직임은 방황이 아닐까.
 '내 주머니에 돈이 있으면 먹지 않아도 배부르다'는 아버지의 말씀이 생각나는 하루다. 어떤 일이 잘 풀리지 않을 때 여윳돈이 있으면 조금은 덜 불안하다. 요즘처럼 경기가 좋지 않을 때는 더욱 그러하다. 지갑 안의 여윳돈은 여유로움 그 자체다. 사용하지 않는 돈이지만 힘이 생긴다고 할까.
 직장인들의 주머니 속 지갑은 얇다. 대부분 직장인이 점심시간이 되면 얄팍한 지갑을 들여다보며 고민하게 된다. 그나마 구내식당이라도 있으면 다행이다. 멀리서 손님이라도 찾아오는 날이면 고민하게 된다.
 몇 해 전 일이다. 점심 무렵 친구가 소식도 없이 찾아왔다. 식사는 대접해서 보내야 하는 사이기에 인근 식당으로 자리를 옮겼다. 횟집인지라 회와 매운탕을 마음껏 먹었다. 맛있게 먹는 친구의 모습을 보니 기분이 좋았다. 문제는 그다음부터였다. 당연히 지갑에 들어 있어야 할 현금이 턱없이 모자라는 것이다. 거기다가 지갑

안에 들어 있어야 할 카드조차 없는 것이다. 그 당혹감은 이루 말할 수 없다.

허둥대며 내일 와서 계산해 준다고 주인에게 말하는 순간 친구가 나서 계산을 한다. 누가 계산하면 어떠냐고 말하지만 이건 아닌데 라는 생각이 스쳐 지난다.

낙엽이 거리를 쓸고 지나가는 황량함처럼 온종일 일이 손에 잡히지 않았다. 아침에 급히 나오느라 화장실 앞에 놓인 막내아들의 지갑을 들고 나왔으니 학생 지갑에 무슨 돈이 있을까.

마산문인협회에 친분이 있는 작가분이 전시회를 하는 날이다. 퇴근 무렵 축하도 할 겸 들렀다. 차나 한잔하자고 카페로 이동하려는데 '아뿔싸' 지갑이 또 없다.

여보세요. 이분이, 혹시 작전 아니세요. 혼잣말을 해본다.

036
목적지

한 번뿐이다. 두 번은 없다. 아무런 연습 없이 왔다가 아무런 연습 없이 떠나야 한다. 산다는 건 예습도 복습도 연습도 없다.

가을이다. 마을 뒤 은행나무 가지가 앙상하다. 나무둥치 아래 샛노란 물감을 흩뿌린 듯하다. 한 계절의 모퉁이를 돈다. 가을은 충만하지만 외롭고 쓸쓸하고 고독하기도 하다.

세월이 흐르면 나이테처럼 두께와 깊이가 쌓일 것이다. 삶이라는 짐을 지고 이고 끌며 오르막길을 오른다. 오십 후반은 늦은 걸음이다.

뚜벅뚜벅, 알고는 가는지 알 수 없다. 바쁜 세상이다. 너도나도 빨리빨리만 외친다. 발걸음을 재촉하는 동료들이 저만치 앞서간다. 걷고 있는 이 길의 끝이 궁금하다. 먼저 갈 사람 다 앞서가고 생각이 느린 나는 뒤에 남아 걷는다.

쉬엄쉬엄 느직한 걸음이다. 처음치고는 잘 걸었다. 복습한 적이 없는 오늘 하루다. 연습된 적이 없는 내일 하루다.

주위를 바라볼 여유라도 가졌으면 좋겠다. 생각하며 걸을 수 있으면 좋겠다.

037
부부로 산다는 건

 화내기도 하고 투정을 받아주기도 하고 다투며 사는 게 부부 아닐까. 쾌청한 가을 하늘처럼 늘 사이가 좋으면 얼마나 좋을까마는 살다 보면 어디 다툴 일이 한두 가지랴.

 삼십여 년 같이 살면서 속이 썩어 문드러지는 한이 있더라도 사람 같은 사람 한 번 만들어 볼 요량으로 버티고 버텨온 아내의 삶은 참으로 고단했을 터이다. 천사를 닮은 마음과 같다고나 할까. 하지만 산다는 게 그리 호락호락하지만은 않다.

 아내가 화났을 때는 잠자코 듣고 있는 게 좋다. 그래야 집안이 조용하다. 나도 편하고 아내의 마음도 편해지려면 가만히 듣고 있는 게 최고다. 소통한다는 게 상대방이 내 말을 이해해 주는 게 아니라 내가 상대의 말을 듣고 공감하며 이해하는 것이라 하지 않았던가.

 "저 사람 마음이 저래서 아팠겠구나."

 변화하는 세상에서 변화를 받아들이며 사는 게 속 편하다. 이제 속 끓이며 살 나이는 지났다.

 아내에게 큰소리치다 큰코다치는 사람을 여럿 보았다. 잠자코 있을 일이다.

남편들이여, 혹시 아내가 신혼 초보다 사나워졌으면 그날은 입 다물고 잠자코 있으라. 그렇지 않으면 과거에 당신이 기억하기 싫은 모든 일들을 한 옥타브 높은 목소리로 녹음기처럼 반복해 듣게 될 것이다. 항복할 때까지 말이다.

행동 하나하나를 살피며 몸 사리는 게 최고의 처세술이다.

아내가 화났을 때는 누운 풀처럼 자기를 낮추라는 말을 꼭 기억하라.

038
행복이란

　행복하기 위해 우리는 희생을 감내한다. 좋은 집, 더 비싼 자동차, 좀 더 많은 돈을 모으기 위해 지금의 고생을 견디며 저축하고 애쓴다. 가지고 싶은 물건도 많다. 돈이 많으면 삶이 풍요로운 건 사실이다. 좋은 음식을 사 먹고 좀 더 여유롭게 살 수 있으니 분명 행복에 다가선다는 느낌을 받는다.
　과연 그럴까. 돈이 없으면 생활이 힘겨운 건 분명하다. 하지만 기본적인 욕구가 충족되면 많은 물건을 가진다고 해서 더 행복해하지는 않는다.
　시집간 딸아이 생일이다. 늦은 점심을 먹기 위해 딸네 집으로 향한다. 가로수 길옆으로 노랑 물감을 흩뿌린 듯 은행잎이 나부낀다. 딸아이와 함께하는 점심, 이 시간도 추억으로 남을 것이다. 미래의 행복을 위해 오늘을 희생하지 않아야겠다는 생각이 스친다. 약간의 사치, 추억은 물건보다 값지다.
　점심을 먹고 돌아오는 길에 딸아이가 슬며시 손을 잡는다. 한참을 걸었다. 고사리 같았던 손이 제법 가녀리다. 살면서 돈의 노예가 되지 않도록 애써야겠다. 길가에 널브러진 은행을 밟았더니 '툭' 하는 소리가 난다. 신발에 묻은 은행 껍질을 털어내도 냄새가 가시지 않는다. 돈도 이와 같지 않을는지. 돈과 술에는 즐거움과 독이 있다는 말이 생각난다. 돈 싫어하는 사람 없겠지만 절제한다는 것은 여유로움이다.

경험은 우리를 행복하게 한다.

039

비 온다

비 오면 기분 좋다. 비가 오면 커피 향이 좋다. 비 오는 날은 파전에다 막걸리 한 사발도 좋다.

사람 사는 세상, 비 오는 날의 언어는 각양각색이다. 첫사랑이 생각나는 이가 있고 마지막 사랑이 그리운 이도 있다. 사는 게 별거 아니라고 생각되기도 하지만 주어진 삶에 정성을 다하며 살아간다. 남이 최선을 다한다면 나 또한 전심을 다해야 하지 않을까. 사람들은 말한다. 무대 위에 사람이나 무대 아래 사람이나 각자의 역할에 충실해야 한다고.

그릇은 만들어진다고들 하지만 그릇이 예뻐질 수 있도록 골라 담는 건 내 몫이지 않을까. 시간이 없다고들 한다. 바쁠수록 내 역할을 맡기지 말아야 한다. 남이 해주도록 바라지 말고 마지막까지 마음을 내려놓지 말아야 한다. 무엇이든 끝까지 가봐야 안다.

손에 집히는 대로 책을 읽었다. 책을 들여다보면서 눈 따로 마음 따로 움직인다는 게 이런 거구나 싶었던 적도 있다.

인생에 무슨 의미가 있어 살아가는 것은 아닐 것이다. 즐거움도 있고 슬픈 일도 있다. 어쩌면 괴로운 일이 더 많은 게 우리 삶이 아닐까.

비가 쏟아진다. 비 오면 우산을 받쳐 들고 걷고 싶다. 둘이면 좋고 혼자면 더 좋다.

눅눅한 날, 그대 마음만큼은 까슬했으면 좋겠다.

040

시월은 신중하게

일 년, 열두 달 중에 가장 쓸쓸한 달은 시월이다. 그중에 시월의 마지막 주 마지막 날이다. 언제부터인가 어느 가수의 〈잊혀진 계절〉 가사를 음미하고부터는 더욱 그러하다.

마산 영풍문고 갤러리에 시화전을 보고 왔다. 점심시간에 잠시 짬을 낼 수 있다는 것만 해도 큰 즐거움이고 행복이다. 내가 아는 지인의 수필과 시가 하얀 벽에 다소곳이 걸려 있다.

글이 말을 한다는 걸 처음 느꼈던 적이 있다. 시가 말을 걸어온다. 수필을 읽고 있노라면 글쓴이의 마음을 읽을 수 있다. 글은 그 사람의 또 다른 인격이라 하지 않았던가. 글과 말이 똑같다고 한다면 우리는 말하는 것에 대해 더욱 신중히 처리할 것이다.

한마디를 하더라도 신중하게 해야 할 터이다. 물 흐르듯 흘려내는 말은 무의미하게 흘러가 버린다. 상대에게 필요한 말만 해야 한다. 내 마음 편하자고 말을 쏟아내지 말아야 한다.

현명한 이는 말로써 오해 살 소지를 만들지 않는다고 했다.

041
커피와 짜장면

글을 쓰면서 커피를 엎질렀다. 흰색 노트북 자판에 커피를 쏟듯 마음이 쏟아진다.

커피 향이 하얀 백지 위에 번져 나간다. 아버지 생각이 났다. 아버지와 짜장면을 먹던 어린아이가 당시의 아버지 나이보다 더 늙은 아비가 되었다. 내 나이 열세 살 무렵에 짜장면을 처음 접했으니, 아버지는 아마 마흔 후반쯤 되지 않았을까. 까만 춘장처럼 눈이 크고 맑으셨던 아버지셨다. 아버지처럼 살 수 있을까. 지금의 내 생각과는 다른 모습이었다. 스무 살이 넘은 큰아들의 일이라면 어떤 일도 마다하지 않고 달려오셨다. 지금 와서 생각해 보니 아버지의 마음을 반에 반도 못 헤아리는 아들이었다. 사 남매 공부 시키느라 산골 천수답에서 허리 한 번 제대로 펴지 못했을 터다.

"열심히 살아야 한데이."

열심히 살면 짜장면은 마음대로 먹을 수 있을 줄 알았는데 산골의 아버지는 평생을 짜장면 열 그릇을 드시지 못하고 떠나셨다. 큰아들에게 물려준 짜장면의 기억, 아버지 생각만 하면 까만 짜장면처럼 마음이 타들어 가고 아려온다. 별 하나 반짝인다. 아버지와 함께 짜장면을 먹고 오는 날도 별이 반짝였다.

042

막걸리 한 잔

물은 변화한다. 기다림도 행복이다.

따뜻한 아랫목에 막걸리 익는 소리를 들으며 잠을 청했던 기억이 난다. 내 고향 친구 종원이 집이다. 세상이 원하는 대로 50년을 지내보니 행복을 멀리에서만 찾으려 했다. 행복은 멀리 있지 않고 순간순간에 있었다. 돈 많으면 행복한 줄 알고 돈 모으는데 정신 팔다 보니 시간이 다 지나버렸다. 산골에서 농사지을 때는 막걸리만큼은 마음 놓고 마셨다. 지금은 막걸리 한 잔도 마음 놓고 마시지 못하는 직장인이다. 순간을 즐기지 못하면 바보가 된다는 말이 떠오른다.

막걸리 한 잔의 행복은 마음의 고향이 아닐까. 조금은 이른 밤, 남빛 하늘에 밑줄을 그으며 별똥별 하나가 떨어진다.

복잡하게 살지 말고 단순하게 살아야 하지 않을까.

043
편백나무

　편백숲을 거닌다. 크고 작은 나무들이 줄지어 선 채 가을바람을 맞고 서 있다. 사람은 나이가 들수록 밖으로 표현을 한다. 나무는 나이가 들수록 안으로 침묵한다.

　산책길에 산림작업을 하는 벌목공 옆을 지난다. 십여 년은 족히 넘었을 편백나무에 나이테가 뚜렷하다. 봄이면 편백은 온몸이 부서져라 연두색 촉을 밀어 올렸을 터이다. 여름이면 뜨거운 햇볕 아래 녹음 짙은 아름드리나무가 되리라 큰 꿈도 키웠으리라. 큰바람이 숲을 흔들 때마다 단단하게 안으로 나이테를 새기지 않았을까.

　밑둥치 베어진 나무가 쓰러지며 '우두둑 쿵' 마지막 소리를 낸다. 계절을 알아차리며 안으로 나이 들고 속으로 나이테를 새기는 나무처럼 살아야 하지 않을는지.

　가지 사이로 늦가을 햇살이 출렁인다.

제4장 겨울 눈

001
긍 정

어떤 상황에서든 긍정적으로 생각하는 습관을 들여야 한다. 사람은 자기 마음처럼 의지대로 살지 못하는 게 당연하다. 살면서 부딪힘 없이 사는 사람이 몇 있을까.

일어날 일은 일어난다. 일어난 일은 어쩔 수 없다. 진정한 긍정은 벌어진 상황을 수긍하는 것에 있다. 일단 수긍하고 나면 대부분의 사람들은 해결책을 찾으려 노력한다. 원인이야 어떻게 되었든 나쁜 일이 최악으로 치닫지 않도록 에너지를 좋은 쪽으로 흐르도록 해야 한다.

출근길이다. 오늘은 분명 좋은 일이 있을 것이라는 믿음을 가지고 핸들을 잡는다.

하루를 잘 견뎌 내야 되겠다는 생각, 그것이 긍정이다.

002
자 리

앉은 자리가 사람을 말해준다는 이야기가 있다. 어떤 자리건 그 자리에 어울리고 빛나는 사람이 있다. 자리를 욕심내기 전에 그 자리에 내가 맞는 사람인지 아닌지를 살펴봐야 한다. 어떤 연유이든 자리를 수락하고 덥석 앉다 보면 망신당하기 십상이다. 준비되지 않은 자리는 그만큼 힘이 든다. 내가 그 일에 잘 맞는지는 자기 자신이 누구보다 잘 안다.

자리에는 책임이 있다. 내가 적임자인지 살피고 고민해 본 후 신중히 결정해야 한다. 나이 들어갈수록 젊은 후배들에게 자리를 양보할 줄 아는 지혜도 필요하다.

살다 보면 높은 자리에 관심 없는 사람은 없을 것이다. 완장을 차면 두려운 게 없어 보이지만 실상은 허상이다.

완장 벗고 자리에서 물러나면 동네 아저씨, 옆집 아줌마로 돌아간다. 거저 주는 감투는 조심하고 또 조심해야 한다.

003

아낌없이 주는 나무

 아낌없이 다 주고도 부족함이 없었나 걱정하며 밤잠 이루지 못하는 사람이 있다. 나의 어머니다.
 어머니는 결혼한 자식 뭐 하나 더 먹이려고 내가 올 날을 손꼽아 기다린다. 시골에 갔더니 아끼고 아껴 두었던 곶감 하나를 손에 쥐어 준다. 굶으면 안 된다고. 요즘 굶는 사람이 어디 있냐고 이야기하면 때 놓치지 말고 밥 챙겨 먹으라며 신신당부하신다. 했던 말씀 또 하시는 어머니를 보면 짜증이 날 때도 있다. 돌아오며 가만히 생각해 보면 어머니만큼 내 몸을 생각해 준 이도 없다.
 시인 김시천*은 동구 밖 가슴살 다 열어놓은 고목나무 한 그루를 보며 어머니를 그리워했다. 시골에 가면 '강기덩'** 정자를 지난다. 느티나무에 커다랗게 뚫린 구멍을 바라보고 있노라면 어머니 생각이 난다. 살면서 어머니 가슴에 저렇게 커다란 구멍을 뚫어 놓은 것 아닐까.
 고목처럼 늙은 당신의 가슴에 휑한 바람이 들락거리도록 만든 게 나인 듯하다. 그런 것 같다. 내가 그런 것 같다. 공허한 가슴에 쓸쓸한 바람이 지나간다. 나날이 야위어 가는 어머니, 산 너머엔 벌써 겨울 그림자가 서성인다.

마음을 다해 한 인간을 사랑하는 일이 얼마나 가치 있고 숭고한 일인지 어머니를 통해 생각하는 하루다.

*출처: 시인 김시천(1956~2018) 어머니 3, 도종환 엮음 시집 인용.
**강기덩: 고령군 성산면 어곡리 마을 입구에 위치한 노거수 앞 돌장승이 나란히 마주 보고 있는 쉼터.

004
감 정

아내가 화가 났나 보다. 말이 없다. 아침 일찍 현관문을 매정하게 닫고 나가버린다. 무슨 일인지 도무지 이해되지 않는다. 막내와 둘이 남은 아파트에 정적이 감돈다. 내가 말을 잘못했나. 아니면 아들과 무슨 일이 있었나. 아침 일찍부터 막내와 난 숙제 아닌 숙제를 하느라 머리가 복잡하다.

며칠 전 큰아들 생일날 미역국을 끓여준다 약속했는데 그 약속을 지키지 않아 화가 난 걸까. 아니면 큰 여식 혼사 준비하느라 신경을 많이 쓴 걸까. 마음을 알아주지 못해 서운한 걸까. 막내와 난 이런저런 이야기를 나누며 점심 준비를 한다.

지키지 못한 약속을 만회하려 미역국을 끓인다. 소고기에 참기름을 약간 두르고 볶는다. 진간장을 넣고 고기에다 간이 배게 졸인 후 불린 미역을 넣고 다시 데치듯 볶는다. 화난 마음을 졸이듯 국솥에 물이 줄어든다. 물을 부었다. 끓어오르는 열기와 소리로 가득 찼던 솥 안이 일순간에 조용해진다.

있는 그대로 받아들이는 것은 중요한 지혜 중의 하나인 듯하다. 불을 가하면 끓고 물을 부으면 잠잠해지듯 현재 상황에 순응한다는 것은 사람의 마음을 이해한다는 것이다. 사람의 마음을 움직인다는 것은 살아간다는 것이다. 긍정적인 마음은 병들지 않고 세상을 이해하며 살고 있다는 건강함이다.

이야기를 제대로 듣기도 전에 부정하지는 말아야 한다. 이야기를 끝까지 듣기만 해도 사람의 감정은 누그러진다.

그릇에 물을 채우고 싶으면 우선 그릇을 비워야 한다는 말이 있다. 그릇을 비운다는 것은 상대방의 이야기를 들어준다는 것이다. 비울 수 있도록 들어준다는 것. 나이 들수록 정말 어려운 부분이다.

아내가 화를 낸다는 건 그만한 연유가 있을 터이다. 어쩌면 30년 동안 섭섭하게 했던 행동들을 모두 들춰내어 들어야 할 상황이 벌어질 수도 있다.

아내는 참 머리가 좋다. 아이들 낳고 키우느라 요즘은 기억력이 깜박깜박한다면서, 어떻게 된 게 남편 이야기만 나오면 30년 전 이야기도 마치 노트에 적어 놓은 듯 기억하는지 알 수 없다. 내가 기억하지 못하는 세세한 부분까지 이야기한다. 그런 걸 보면 남자의 뇌와 여자의 뇌 구조는 다른가 보다.

아내가 들어오는 기척이 들린다. 점심을 준비하는 남자들의 손길이 바빠진다.

005

조언

   누군가를 움직이려 한다면 명령이나 지시하면 안 된다는 이야기가 있다. 사람은 남이 시켜서 하는 것보다는 스스로 해결하려는 자발성을 누구나 가지고 있다. 물론 그 일을 행하는 사람의 늦고 빠름의 차이는 존재한다.
   요즘 90년생 신입 후배들이 많이 입사하고 있다. 이들의 업무처리 능력은 신속하다. 빠르기도 하지만 일과 삶의 균형을 중요하게 생각하는 이들이기에 출퇴근 시간도 잘 지킨다. 눈치 보지 않는 행동이 어떤 때는 부럽기도 하다.
   '라떼는 말이야.' 요즘 유행어다. 생각해 보면 퇴직한 선배들이 바라본 지금 우리들의 모습도 똑같지 않았을까. 우리 집 아이들과 나이가 엇비슷한 후배들과 대화를 해보면 배울 점도 많지만 세대 차이를 실감한다. 지시하고 싶은 일에 대해서도 '일할 때 어떻게 하면 좋을까. 같이 생각해 줬으면 좋겠다.'라고 부탁형 조언을 해보기도 한다. 어떨 땐 내가 하는 게 더 마음이 편할 때도 있다.
   어떻게 생각해 보면 존재감, 중요함을 충족시켜 주는 방법의 하나라는 생각이 든다. 사람은 책임감을 느껴야 그 일에 대해서 성과도 올라간다고 하지 않던가. 후배들에게 조언을 구한다는 것은 인내심이 필요하다.

눈을 바라보고 고개를 끄덕이며 조언을 구하면 그들도 맞장구를 치며 도와줄 터이다.

오늘 저녁은 아내에게 먼저 조언을 구해봐야겠다.

006

여자의 일생

아내가 딸아이 혼사 문제로 분주하다. 예단 물품 준비에 혼수품은 어떻게 챙겨야 하는지 혼자 고민이 많다.

요즘은 결혼할 당사자들이 알아서 한다고 하는데 아내는 무언가를 챙겨주고 싶어 종일 전화를 붙잡고 주변 지인들에게 자문을 구하고 있다.

퇴근하고 현관문을 열자, 아내는 기다렸다는 듯이 섭섭함을 토로한다.

밥상을 차리는 듯 마는 듯 낮에 있었던 이야기를 소상하게 일러준다. 아마도 딸아이가 혼수용품을 보러 가는 데 같이 가고 싶었던 모양이다. 품 안에 있을 때 자식이지 이제 엄마가 눈에 들어오겠는가. 다른 집은 딸아이와 사이좋게 혼수도 보러 다니고 결혼 준비도 같이한다는데 제대로 소통이 되지 않는 모양이다.

얼마 전 아내는 카톡에 딸아이가 초등학교 다닐 무렵 쓰고 다니던 우산을 프로필에 올려놓고 있다. 우산보다 작았던 딸아이는 이제 마음도 몸도 훌쩍 커버렸다. 아버지의 마음도 엄마의 마음도 헤아릴 줄 아는 어른이 되었다. 이젠 떠나보낼 때가 되었는가 보다.

칠원에서 십여 년을 살았다. 공기가 참 맑은 시골 생활이었다. 봄이면 못자리에 개구리 우는 소리가 정겨웠고 여름이면 무논에 파란 모들이 바람에 넘실댔다. 물결에 일렁이는 파도 같은 푸름이 바람에 실려 왔다. 가을이면 잘 익은 알곡 옆으로 굳건한 허수아비 병정들이 논배미를 지켰다.

엄마 손을 놓치면 큰일 날 듯 품 안에서 맴돌았던 시골 마을. 딸아이를 키웠던 작은 아파트에 들렀다. 어릴 적 아이와 걸었던 추억의 길을 따라 걸어 보았다. 마을 뒤편 연못에서 조잘조잘 딸아이 목소리처럼 냇물이 흘러내린다.

조용하던 연못에 빗방울이 떨어진다. 비가 쏟아진다. 옛 어른들은 큰비가 내리면 수문을 열고 물을 도랑으로 흘려보냈다.

놓아주어야 하는데 놓지 못하고 있다. 바람 불면 날아갈까 봐 애태우며 품었던 딸아이. 30여 년을 품 안에 품고 있었으니 어찌 쉽게 놓을 수 있겠는가.

이젠 냇물이 강물이 되어 세상의 흐름을 따라 바다로 흘려보내야 될 때이다.

007

예단 편지

　딸아이 예단을 보내기 전에 편지를 적어본다. 붓으로 예단지에 서너 차례 연습한 후 먹물을 꾹 찍어 써 내려간다. 글이란 사람의 인품을 이야기한다는데 부족함이 많다는 걸 느낀다.
　초가을 무렵 상견례를 하고 아직 시간이 한참 남았다고 생각했는데 벌써 예단이 오고 갈 날이 다가왔다. 딸아이가 환경이 다른 시댁에서 잘 적응해야 할 텐데. 그 마음을 담아 사돈, 사부인 될 분들에게 한 자 한 자 정성을 들인다.
　사돈지간은 왠지 모르게 어려울 것 같은 느낌이 든다. 나이 차는 스무 살 정도 나지만 마음의 문제 아닐까. 자주 왕래하고 가깝게 지냈으면 좋겠다.
　혼례를 치른다는 건 갖추어야 할 예의도 많다. 늘 어리게만 보이던 아이, 평생 아버지 품에 있을 것 같은 아이였다. 잘 견디며 살았으면 좋다. 부족하지도 않고 넘치지도 않게. 행복했으면 좋겠다.
　부녀지간의 인연으로 다가온 딸아이, 커가는 모습 볼 때마다 참 행복했다.

008
추 억

낡고 늙고 때 묻지 않은 물건은 없다. 시간 속에서 영원히 지속되는 것 또한 없다.

묶어두어도 멈출 수는 없는 게 사랑이고 추억이다. 사랑한다고, 뜨겁게 사랑한다고 말한 사나이들은 어디로 가버렸을까. 젊은 시절의 남자와 여자는 추억만 간직한 채 살아간다. 세월 속에 묻혀버린 만날 수 없는 청춘이다.

한 나뭇가지에 어울려 흔들리는 나뭇잎도 무언가를 그리워한다. 늘 자기와 마음을 나눌 수 있는 바람을 찾아 나선다. 외로움에 흔들리지 않으려 애쓰는 나뭇잎, 바람 또한 외롭기는 마찬가지 아닐까.

살다 보면 그때 그 자리에서 말하지 않은 일들을 끝내 못하고 마는 일들이 있다. 사랑한다는 말, 혼자만 담아두고 살아가는 일들이 있다.

끝내 말하지 못한 채 시간 속에 묻혀버린 사랑, 우리는 그를 추억이라 부른다.

009

쉬어 가는 길

　예단을 준비하느라 모녀가 주말부터 법석이다. 나도 예비 사돈께 예단지를 포장하고 덩달아 바쁘다.
　점심 무렵 백화점에 주문해 둔 소고기와 과일 바구니를 가지러 아내와 같이 나선다. 딸아이 혼사를 앞둔 탓인지 허전한 마음이 앞선다. 멀리 떠나는 것도 아닌데 말이다.
　바구니에 담긴 소고기가 참 예쁘다. 비싼 값을 한다더니 고기로 꽃장식을 한 건 처음 본다. 너무 무리하는 것 아니냐고 했더니 하나밖에 없는 딸 시집보내며 기죽이는 것 싫다고 한다. 들어보니 옳은 이야기 같기도 하지만 먹는 음식을 적게 준비한다고 기죽을 여식은 아니라 생각된다.
　예단을 보내고 아내와 산책을 나선다. 산 중턱쯤 올랐을 때 삼남매에 대한 아내의 아쉬운 마음이 오간다.
　시집을 온 아내, 시집을 가는 딸. 떠나보내는 섭섭한 마음을 아비인 나도 이제 조금은 알 듯하다.
　아내가 혼잣말로 되뇌며 눈물을 글썽인다.
　'자식은 나의 피고, 살이고, 목숨이며, 내 전부다.'
　아버지 마음은 엄마의 마음을 따라가지는 못한다.

010
은행 터는 날

    사람들이 떠난 삼풍대*공원에 안개 같은 이슬이 내려앉는다. 텅 빈 가슴에 가을이 밀려온다.
    일교차 탓인지 옷깃을 여미게 한다. 길가에 줄지어 선 은행나무들이 노란 물감을 흩어 뿌린 듯 바닥을 수채화로 물들여 놓았다. 거리를 청소하시는 분들이 은행나무를 털고 있다.
    은행나무와 은행은 대조적이다. 달리 표현할 방법은 없지만, 은행이 바닥에 떨어지면 사람들은 은행알을 밟지 않으려 한다. 어떻게든 피해서 가려고 한다. 혹여나 신발에 열매의 외과피外果皮가 묻는 날이면 악취가 진동하니 피하려 함은 당연함이 아닐까.
    돈을 헤아리다 냄새를 맡아본 적이 있다. 여러 사람의 손을 거치다 보니 냄새가 났다. 썩 좋은 향이 아닌데도 사람들은 돈을 가까이 두려 한다. 돈은 은행에 가면 많이 보관하고 있다. 은행에 있어야 할 돈이 사람에게 달라붙으면 악취가 난다. 절약하고 아끼는 것은 좋지만 돈에 얽매이는 삶은 보기 좋지는 않다.
    조선 후기 실학자였던 박지원 선생의 허생전에도 돈이 없는 사람은 갖고 싶고 돈이 많은 사람은 더 갖고 싶게 만드는 것이 돈이라 했다. 돈 때문에 울고 돈 때문에 웃는 세상은 시대가 바뀌어도 변함없다.

  그렇다고 돈을 멀리하라는 것은 아니다. 단지 돈을 모으려 악취 나는 삶을 살아갈 필요는 없다고 생각한다.

*삼풍대: 쌍효정려가 있는 경남 마산 내서의 공원. 2013년 올해의 아름다운 숲으로 지정되었다.

011
눈치 없는 출근

아침 출근길, 현관 앞을 나서는데 아내가 묵직한 소리로 나지막이 말을 한다.
"살아오면서 단 한 번이라도 따뜻하게 말해 준 적이 있어요?"
하필이면 출근길에 이런 무거운 말을 할까.
나름 열심히 살아왔다고 생각했는데 뭔가에 맞은 듯 아무 생각이 나지 않는다. 결혼 30년, 뭘 했을까. 누구를 위해 사는 걸까. 현관문 닫히는 소리에 내 마음이 굳게 잠긴다.
참으로 긴 시간이었다. 강산이 세 번 바뀌도록 살았으니, 사랑의 감정이 무뎌질 대로 무뎌졌나 보다. 여자는 나이 들어도 여자로 대접받고 싶다고 했는데, 요즘 들어 내가 무심했나 보다.
회사 일에 지친 마음, 집에서라도 쉬고 싶은데.
"나이 들수록 눈치가 있어야지."
아내의 목소리가 들리는 듯하다. 환청이다. 나이 들수록 눈치만 는다고 생각했는데 가만히 생각해 보니 예전이나 지금이나 눈치 없는 것은 매한가지인가 보다.
사람은 변하는데 변함이 없는 것은 눈치밖에.

012

함 께

함께 있으면 좋겠다. 이렇게 함께였으면 좋겠다.

만남과 떠남이 한 글자 차이라지만 너는 너대로 살고 나는 나대로 살아간다.

나이 들면 놓을 줄 알아야 한다는 말, 괜히 하는 말이 아닌 듯하다. 자연을 보면 알 수 있다.

봄이 오려는가 보다. 얼음장 밑으로 물 흐르는 소리 고요히 들린다. 물이 흐른다. 시간이 흐른다. 시간도 삶도 앞으로만 흘러간다.

채우려 해도 채워지지 않는 그릇을 앞에 두고 나를 돌아본다. 어쩌면 시간이라는 두 글자를 떠올리면 악착같이 가지려 했던 모든 것이 허상이었는지도 모를 일이다.

내 발걸음은 어디로 향하고 있는 걸까. 사람으로 태어난 이상 할 도리는 하고 살아야 하는데.

내일은 마음도 날씨도 맑음이었으면 좋겠다.

013
책임과 의무

　신중하다는 것은 골똘히 생각한다는 것이다. 신중함을 가진다는 것은 쉬운 일이 아니다. 우리는 쉽게 행동하고 때늦은 후회를 하는 경우가 종종 있다.
　행동하기 전에 시간적 여유를 가져야 한다. 특히 책임과 의무에서 벗어나려면 생각에 생각을 거듭해 봐야 한다. 살면서 자기 위치, 처한 자리에서 역할과 의무를 다한다는 건 어려운 일이 아닐까. 물론 삶을 가볍게 생각하고 소신 있게 살아가는 사람들도 많다.
　내 기준에서 바라본다면 사람은 자기도 모르게 어떤 일에 빠져드는 경우가 있다. 의도치 않게 휘말리다 보면 소문은 일파만파로 커진다. 시간이 지나면 진실은 밝혀지겠지만 상처받은 사람의 마음이야 돌이킬 수 없을 정도로 황폐해져 버린 후이다.
　높은 자리에 앉을수록 행동은 신중해야 한다. 깊이 생각하고 신속히 판단해야 주위에 상처를 덜 받는다. 썩은 사과를 오래 놔두면 주위 사과들이 모두 상한다는 이야기도 있지 않은가.
　신은 회초리가 아니라 시간으로 인간을 단련한다는 로마의 격언처럼 천천히 서둘러야 할 것이다.
　실행에 내일은 없다. 오늘, 지금이 있을 뿐.

014

예비 사위

예비 사위와 함께 시골 어머니 댁에 인사를 드리러 간다. 내 고향 성산 '안어실' 입구에 서 있는 아름드리 정자나무가 나뭇가지를 흔들며 반가이 맞이해 준다. 늦가을 바람이 선선하다.

아이들이 할머니에게 큰절한다. 이 자리에서 30년 전 아내와 내가 부모님께 큰절을 했었다. 자리는 그 자리인데 아버지의 빈자리가 크게만 느껴진다.

첫 손녀라 무척이나 귀여워했던 어머니, 손녀사위 될 동근이를 마음에 들어 하는 눈치다. 다행이다. 몸도 불편하실 텐데 송편을 만들어 내놓는다. 어머니가 만들어 준 송편은 내 입에 간이 딱 맞다. 이 떡을 언제까지 먹을 수 있을까.

동구 밖 신작로 길에 낙엽이 소복이 쌓인다.

015

능력

롯데백화점 갤러리에서 문학제가 열렸다. 해마다 열리는 가을 행사지만 문우들과 함께하는 행사는 늘 정겹다.

주위 사람들과 수준을 맞추면 삶이 편안해진다. 일이든 지식이든 신비감을 유지하라는 말이 있다. 사람마다 능력은 타고난다지만 가급적 능력을 드러내지 않는 것이 세상살이에 이롭다는 말이 있다. 필요 이상의 힘은 낭비하지 않는 게 좋다. 그래야 미움을 덜 받는다.

일을 빨리한다고 좋은 것은 아니다. 천천히, 좀 더 정확하게 마무리하면 좋지 않을까. 끝마무리를 잘해야 한다는 말처럼 중요한 일에는 정성을 들이고 아껴두었던 솜씨를 발휘해야 한다. 특히나 프로젝트성 사업을 추진할 때는 자신에 대해 하루하루 되물어 보고 되돌아봐야 한다. 반성은 지혜를 배우는 길이다. 자신을 알아가는 것이다. 나를 알고 나면 그 이후부터 자기 개선이 시작될 수 있다.

살다 보면 앞만 보고, 달려야 하는 경우가 있다. 그렇다고 일생을 앞만 보고 달리는 이는 무모하다. 미리 조심해야 한다. 지혜로운 사람은 자기 발이 닿을 땅바닥의 상태를 항상 살핀다는 선인들의 말처럼 물을 건너야 한다면 물의 깊이를 헤아리며 위험의 정도를 살펴야 한다. 항상 위험이 따를지도 모른다는 생각, 하루하루 경계를 지으며 살아야 한다.

무엇이든 극단적으로 밀고 나가면 상처만 남는다. 오렌지에서 즙을 모조리 짜내고 나면 뒷맛은 쓴맛이 돈다. 적당히, 사람의 기분을 좋게 하는 것 그것도 능력이다.

016

반 반

살아가다 보면 괴로운 일도 있고 즐거운 일도 있다. 나이 오십, 앞으로 나아가려고만 했다. 이젠 버티는 시간이 필요하다. 그동안 백이라는 것을 채우려고 부당히 노력하고 살아온 것 같다.

술은 반만 취해야 좋고 꽃은 반만 핀 게 아름답다고들 한다. 하고 싶은 말이 있어도 반만 하고 반은 삼켜야 한다. 잘해도 내 탓 못해도 내 탓이다. 외면과 내면이 같고 말과 행동이 같을 때 정신적으로 성숙한 사람이 되지 않을까.

생각해 보면 인생은 많은 짐을 지고 떠나는 여행과 같다. 책상을 정리하면서 언젠가는 필요하겠다고 생각되어 정리를 못 하는 물건이 대다수다. 나중에 어딘가 쓰일 거라며 물건들을 가지려 한다. 나만 해도 그렇다. 혹시나, 만약의 경우를 대비해서 불필요한 것들까지 차곡차곡 쌓아두고 있다. 필요 없는 것들은 버려야 가벼워질 수 있다. 과감히 정리해야 가볍게 떠날 수 있고 자유로워질 수 있다. 누군가에게 짐을 넘겨줘서는 안 된다.

옷장이며 차량 트렁크며 내게 필요 없는 물건이 얼마나 많은지. 이것저것 사 모을 줄만 알았지 버리지를 못하는 게 있다. 날이 갈수록 옷장의 옷은 늘어나고 차량의 트렁크는 차량용품들로 가득 찼다.

 내가 가진 것 반은 버려야 좀 더 가볍게 걸어갈 수 있지 않을까. 그래도 반은 남을 테니 말이다.

 그 반의 삼분의 일은 아내의 몫 또 삼분 일은 자식의 몫, 더 나이 들어가면 손자의 몫도 생기리라.

 옛말에 아내 밥은 누워서 받아먹고 자식 밥은 앉아서 받아먹고 손자 밥은 서서 받아먹는다고 하지 않던가.

 인생의 반은 달고 반은 쓰다. 가지려 하면 잃는 것도 있다.

017

울 음

때로는 목 놓아 울고 싶은 순간이 있습니다. 아내와 자식 앞에서 눈물 보일 수 없는 일이기에 무심한 하늘만 올려다본 적이 있습니다.

아버지의 눈물은 가슴이 아픕니다. 내가 아버지가 되어보니 이제야 눈물의 의미를 이해할 수 있을 듯합니다.

어려운 시대입니다. 힘든 시기입니다. 먹고사는 게 우선이었던 아버지 시대에 비하면 지금의 험난함은 이유가 될 수 없겠지요. 짬뽕을 좋아하셨던 당신, 처자식 먹여 살리느라 돌아가실 때까지 그 흔하디흔한 짬뽕 한 그릇 제대로 드시지 못하고 먼 길을 가셨으니, 이게 남자의 인생이라면 너무 슬픈 일입니다.

나보다 더 잘되고 나보다 더 나은 삶을 살기를 바라는 마음이 아버지의 마음입니다. 자식을 낳고 살아보니 우리 아버지가 얼마나 훌륭한 분이셨는지 알 것 같습니다.

생각해 보니 내가 어른이 되기까지는 아버지의 뜨거운 사랑과 눈물이 있었습니다.

아버지의 가슴 아픈 눈물을 먹고 자란 셈입니다.

018

받아들이며 사는 삶

　사람은 항상 누군가와 비교를 한다. 시대는 변화를 추구한다. 변화의 사회에 적응해야 하는 우리지만 시기에 맞게 변화한다는 것은 여간 힘든 일이 아니다. 그중에 나를 변화시킨다는 것은 더욱 힘들다.
　받아들이는 삶은 편하다. 부지런한 것도 게으른 것도 내 습이다. 있는 그대로 마음 내키는 대로 해보는 것도 변화의 첫 시작이다. 매사에 쉼 없이 바쁘게 사는 삶이 사회적으로 성공할 수 있지만, 그 사람의 정신과 몸은 항상 피곤하다. 에너지가 부족하면 만사에 의욕이 없어진다.
　인연이란 만들어 가는 것이라 했다. 새로운 인연이 만들어지기도 하고 또 소원疏遠해지는 경우도 있다. 좋은 사람을 만나면 좋은 점이 살아나고 미운 사람을 만나면 자신의 삶을 반추해 보기도 한다. 누가 나를 비난하고 욕하는 사람이 있다면 이 또한 내 책임일 것이다.
　어쩌면 현재 하는 일, 지금 내가 만나고 있는 사람이 가장 중요하고 소중한 존재인지도 모를 일이다. 산다는 건 결국 사람을 만나는 일이다. 만나는 사람마다 정성을 다해야 할 것이다.

019

별 빛

　지구의 별, 지구에서 빛나는 별. 수많은 별 중에 우리가 찾는 별은 희망인지도 알 수 없다.
　그 별들은 떠오르고 사라지길 반복한다. 직장 생활하는 사람이라면 군대에서의 장성처럼 회사의 임원은 별에 해당한다고 한 번쯤은 생각할 것이다. 사원으로 입사해 부사장까지 오르는 길은 결코 쉽지 않다. 며칠 전 발생한 통신 대란의 책임을 지고 부사장과 본부장이 부근무로 발령이 났다. 발령이 나면 대부분이 퇴사의 수순을 밟게 된다.
　며칠째 바람이 거칠게 불고 있다. 이리저리 나뒹구는 낙엽, 움직이지 않으려 해도 마음대로 되지 않는 자연의 이치다. 낙엽 하나가 소용돌이치는 바람에 휩쓸려 높이 치솟다가 바닥으로 떨어진다. 희로애락도 다 지나가는 바람일 뿐이다.
　회사에서 나는 어떤 존재일까. 대리, 과장 시절에는 가족 같은 직장문화를 만들고자 기업문화 활동도 많이 했다. 생각해 보면 가족 같은 직장문화는 애초에 만들 수 없지 않았을까. 냉정하게 들여다보면 경영자 입장에서 직원은 비용에 속할 것이다. 직원의 수를 줄이면 줄일수록 기업의 성과가 높아지는 것은 자명하다. 올해

들어 그룹사 전직, '내일설계휴직' 안내가 눈에 띄게 보인다. 많은 생각을 가지게 한다.

회사는 어떻게든 인건비를 줄이기 위해 노력할 것이다. 명예퇴직을 경험하면서 선배들과 동료, 후배들이 떠나는 걸 지켜봤다. 개인의 이유야 있겠지만 떠나는 사람이나 남은 사람이나 서글퍼지는 건 마찬가지 아닐까. 회사 입장에서도 이익이 줄어드는 상황에 맞닥뜨리면 어쩔 수는 없는 선택을 하는 것일 뿐.

책임과 헌신을 다한 선배로 기억되고 싶다. 비용으로 인식되는 직장인은 언제나 첫 번째 희생양이 될 것이고 언젠가는 내 차례로 다가올 것이다. 얼마 남지 않은 시간이다.

떠나는 선배의 메일 인사를 찬찬히 읽어 내려간다. 이별이다.

020
발령

 풀잎에는 찬 바람도 고통이겠지. 은빛 억새가 늦가을 바람에 출렁인다. 온 산이 울긋불긋하다.

 직장인이라면 원하든 원하지 않든 발령을 경험하게 된다. 부서가 이동될 수도 있고 또 지역으로 전근을 갈 수도 있다. 해마다 연말이면 반복된다. 우리는 만났다가 헤어지고 또 승진하고 이동한다.

 결혼하고 아마 94년도쯤이었던 걸로 기억된다. 통영에 있는 고지 중계소에 발령이 난 적이 있다. 물설고 낯선 충무, 지금의 통영은 타향이라 모든 게 생소했다. 환경도 그렇지만 업무 또한 새로운 분야라 적응하는 데 꽤 긴 시간이 걸렸다. 90년대만 해도 퇴근을 해도 퇴근하는 게 아니었다. 술자리도 업무의 연장이었고 선배들에게 업무전수 하는 것 또한 까다로웠다. 기술전수 한다는 핑계로 술자리를 자주 마련하는 터라 꽤 힘들었다. 주량이 약했던 나는 나름 요령을 피워 보기도 했지만, 바닷가 사람들은 생각보다 술에 강했다. 술이 술을 먹는다는 걸 그때 알았다. 지금 세대야 이해할 수 없는 부분도 있겠지만 술자리에 참석하지 않는 일은 있을 수 없는 일이었다.

생각해 보면 우리는 일생 동안 '생의 마무리'라는 대기발령을 받고 살아가는지도 알 수 없다. 살다 보면 자신을 미처 돌아보지 못할 순간이 있다. 바쁘다 보면 미처 보이지 않을 때도 있다. 나보다 늦은 사람은 없겠지만 가끔 뒤처진 사람이 보이면 손잡아 줄 수 있는 아량이 있었으면 좋았지 않았을까.

작은 행복들이 얼마나 소중한지 우리는 잊고 살아간다. 발령을 받고 스쳤던 도시와 사람들, 시린 겨울이면 하늘이 열리고 또 봄이 오면 철쭉으로 온 산을 붉게 물들였던 시간이었다.

021

운

운이란 살며시 찾아왔다가 남들이 알아차리지 못하게 떠나간다. 모든 일에 전성기가 있고 그 전성기는 우리가 생각하는 것보다 빨리 지나가 버린다. 지나 봐야 기회였다는 걸 알아차리지만 때늦은 후회다.

남을 아는 것보다 자신을 먼저 알아야 한다. 자기 자신과 소통이 잘되면 삶은 저절로 풀린다. 모든 일이 순조롭다. 온갖 슬픔과 절망, 굴레의 시간이 다가오더라도 극복할 수 있다. 그러고 보면 침묵해야 할 때를 잘 알아차리는 것은 현명하게 대처하는 방법의 하나이기도 하다.

살다 보면 노력해도 운이 따르지 않을 때도 있다. 안 되는 시기는 무슨 일을 해도 일이 꼬이기 마련이다. 누구에게나 그런 시기가 분명히 있다. 예외일 수도 있지만, 이 시기에는 사소한 일에도 잡음이 일어난다. 부딪치는 경우의 일들을 삼가야 될 터이다.

격한 감정의 소용돌이들이 가라앉을 때까지 조용히 기다려야 한다. 당장은 양보하기 힘든 순간도 있다. 참고 넘겨야 나중에 승리자가 될 수 있다. 그것이 결국은 자신을 이기는 길이고 운을 부르는 일이다.

022

홀로, 그리고 함께

 마음이 복잡한 날은 어디론가 떠나고 싶다. 가족은 가장 가까이 있으면서 행복을 주기도 하고 상처를 주기도 한다. 가슴 위로는 시골에 홀로 계시는 어머니 걱정, 가슴 아래로는 아내와 삼 남매, 동생들의 생각이 제자리를 맴돈다. 다 자란 자식 걱정은 하지 말라 했는데도 쉽지 않다.

 원주행 버스를 탄다. 코로나로 인해 올해 처음으로 KT연수원으로 향한다. 해마다 몇 차례씩은 강의차 들르곤 했지만 특별한 일이 있어 들르는 건 아니다. 연말이 되자 떠오르는 시절 인연 때문일까. 사람이 보고 싶을 때는 훌쩍 떠나야 한다는 게 내 지론이다. 몇 해 전만 해도 이리저리 견주어 보고 했지만, 지금은 생각을 바꾸었다.

 원주 터미널에 도착하니 N지부장이 마중을 나와 있다. 뭐라고 딱히 표현할 수 없지만 마음이 잘 통하는 사람이다. 허심탄회하게 마음을 터놓을 수 있는 분이다. 나보다 몇 해 수하이지만 마음 씀씀이는 훨씬 큰 사람이다. 맞잡은 손이 따스하다. 차를 몰아 원주 신도시로 향한다. 근처 식당에 들러 따뜻한 순대국밥 한 그릇으로 얼어붙은 마음을 녹인다. 그간 있었던 추억들이 오간다. 인연 따라 시간이 흐른다. 눈이 내렸다. 하룻밤 새 온 도시가 사라져 버렸다.

023

평등과 공정

사람은 누구나 평등한 대접을 받을 권리가 있다. 하지만 노력하지 않으면서 열심히 일한 사람과 같은 대접을 받으며 같은 급여를 받으려 한다면 어떻게 될까. 누구나 공정하지 않다고 이야기할 것이다. 사람이라면 누구나 평등함보다 공정함에 더 관심을 둔다.

직장에서 일을 하다 보면 업무를 피하는 사람이 있다. 그 일을 맡으면 내가 성장할 기회인데도 말이다. 더 좋은 평가를 받을 기회가 주어진다고 생각하지 않는 것인지 아니면 못 하는 것인지 알 수는 없지만 힘든 일은 피하려 한다.

자본주의에서 경쟁은 피할 수 없는 숙명이지 않을까. 경쟁은 항상 공정해야 한다. 경쟁은 다소 불편하기도 하다. 그렇지만 사람은 경쟁을 통해서 발전하고 성장한다.

꽃도 나무도 보이지 않는 곳에서 키재기를 하며 성장한다. 생명이 있는 것은 다 곱고 부드럽다.

누군가와 경쟁한다는 것은 아름다운 것이고 행복한 것이다.

024

사는 게 공부

　마지막 한 장 남은 달력을 물끄러미 바라본다. 하루하루가 정말 순식간에 지나가 버린다. 그러고 보니 33년의 직장 생활이 순탄하지만은 않았다. 사는 게 다 공부였다. 회사 생활하는 사람이라면 누구나 한 번쯤은 생각해 보았을 것이다. 열심히 살았는데 손에 잡히는 게 없다는 것을. 행복하기 위해 앞뒤 돌아보지 않고 달렸는데 밀려드는 건 공허함만 있다. 남들 다 쉴 때 쉬고 싶은 것이 소원이던 시절이 있었다. 뭔가 잡힐 듯 말 듯했다. 시간이 돈인 현실 앞에 눈치 보는 삶도 있었다. 그래도 다행스럽게 아이들이 잘 자라줬다. 어려운 시기였다. 주 48시간 제도는 시간의 변천사다. 내가 한국전기통신공사에 입사했던 1989년부터 토요일 오전 근무로 바뀌었고 주 5일 근무제는 2004년에 도입되었다.
　요즘 시간이 없다는 이야기를 많이 한다. 불만은 더욱 늘어간다. 남 탓하며 불평한다고 인생이 달라지지 않는다. 투덜댄다고 봐주지도 않는다. 생각해 보면 세상은 변하고 계속 좋아지고 있다.
　인구가 급감하고 있다. 인구가 줄어들면 자산 디플레이션 상황이 이어질 터이다. 같이 수학하는 선생님이 평생 현역으로 살아가는 법이 있다고 살짝 귀띔해 준다.
'열심히 일하고 열심히 공부해야 한다'며.
그렇구나. 그래서 공부는 끝이 없는가 보다.

025

가벼운 눈, 무거운 말

눈이 내린다. 하얀 백설기 같은 새하얀 눈이 층층이 두텁게 쌓인다.

새하얀 도화지에 작은 발자욱들이 찍힌다. 종종걸음으로 눈길을 걸어가는 아이들. 눈 내린 아침 풍경은 조용하다. 가끔 체인을 감은 자동차 지나는 소리가 정적을 깬다.

절기상 우수가 지났는데 눈이 내린다. 출근길 차량을 움직일 수 없을 정도다. 눈이 바람을 타고 이리저리 날린다. 눈은 부드럽고 유연하다. 하얀 눈송이들이 폴폴 날리는가 싶더니 나뭇가지에 사뿐히 내려앉는다. 긴 여행길에 가벼운 착지다.

참외 농사를 짓는 내 고향 고령에는 눈이 오면 비상이 걸린다. 밤새 쌓인 눈을 치우느라 바쁘다. 지난해였던가, 친구네 비닐하우스가 쌓인 눈의 무게를 견디지 못해 군데군데 내려앉아 버렸다. 파릇파릇한 참외 모종들이 냉해를 입고 말았다. 가을부터 특수작물에 공을 들였을 친구의 마음이 어땠을까. 일 년 농사를 망친 친구는 그해 겨울 술로 시간을 보냈다. 결국 술병으로 병원 신세까지 지고 말았다.

눈은 가볍다. 눈이 내리면 마음이 달뜬다. 추억에 젖는 이가 있는 반면에 또 어떤 이에게는 걱정이 앞서는 경우도 있다. 가볍지만 무게가 실리면 묵직해지는 눈. 어쩌면 말도 마찬가지 아닐까. 할 말이 떠오르지 않을 때는 차라리 침묵하는 게 좋다.

오늘이 그런 날인가 보다. 소통이 되지 않고 말이 말 같지 않은 날, 사람은 말을 들어봐야 그 사람의 내면을 알 수 있다는데.

눈이나 말이나 쌓이게 되면 상처를 주고 만다.

026

정 리

아파트 단지 내 분리수거를 하는 날이다. 예전부터 정리하려고 마음먹은 책 서너 권이 있다. 언젠가는 버려야지 하면서도 쟁여놓은 게 벌써 일 년이 흘렀다.

오십 중반이 넘으면 욕심도 오십 프로는 버릴 줄 알고 상처도 반은 지워야 할 것이다. 쉴 때 쉬고 일할 때 집중하라는 말이 있다. 쉴 때는 한가롭고 여유롭게 쉬어야 한다. 여유로움과 조화로움은 한쪽에 치우침이 없어야 한다.

후회 없는 삶은 완전해지기를 바라지 않는 것이다. 불완전한 세상에서 불완전한 인간이 불완전하게 살아가는 것이 어쩌면 삶을 살아가는 재미 아닐까.

다 알면 재미없다는 말이 있다. 보이는 게 다가 아닐 수도 있다. 꽉 차게 사는 것보다 약간은 헐렁하게 살아도 되지 않을까. 조금은 부족하게 사는 것도 인생의 묘미가 아닐는지 생각해 본다.

오십 중반은 스트레스, 조바심, 외로움, 자신에 대한 연민의 관계에서 얻는 것보다는 잃는 것이 많아진다. 많은 것이 내 뜻대로 되지 않음을 알게 되는 나이기도 하다.

생각이 많은 계절이다. 살면서 내게 필요한 것은 무엇일까. 또 필요 없는 것은 무엇인가. 각자가 자기 역할에서 취해야 할 것과 버려야 할 것을 알아가는 과정이 어쩌면 인생 공부인지도 알 수 없다.

살다 보면 붙잡아서 안 되는 것들도 가끔 있다. 흘려보내야 할 것이 세월만은 아닌 듯하다.

027

아내 생일

세상에 태어나 스물여섯 되던 해에 그녀를 만나 사랑이란 걸 배웠다. 도저히 없으면 못 살 것 같은 마음이 들어 참 많이도 쫓아다녔다. 마음이 전달되었을까. 아니면 그녀도 내가 마음에 들었을까. 이듬해 유채꽃이 만발하는 날 하나가 되었다. 그렇게 우린 아내의 생일도 내 생일도 한집에서 보내게 되었다.

사랑이란 안 보면 미칠 것 같고 없으면 죽을 것 같았다. 시간 지나다 보니 점점 소원해지는 건 나만의 일은 아니었다. 원래 아내는 내 옆에 계속 있는 존재라고 생각했다. 살다 보니 몸도 아프고 힘든 일도 생기고 때론 떨어져 있을 일도 생겼다. 돌아보니 늘 같이 있을 때보다 아내에게 일이 생겼을 때 그 빈자리가 크게 느껴졌다. 산다는 게 다 그런 거지만 남자들이란 게 좀 단순하다. 어리숙한 면이 있다. 직장 다니면서 돈 벌어올 때 이야기지 학력이고 직위고 정년퇴직 시기가 다가오면 다 거기서 거기라는 걸 늦게서야 깨닫게 되는 것 같다. 우스갯소리지만 '도찐 개찐'이라는 말이 우리 모두의 이야기인 것 같다. 요즘은 아내에게 잘해줘야겠다는 생각이 문득문득 든다.

오늘이 내가 그토록 쫓아다녔던 아내의 쉰여섯 번째 생일이다.

삼십 년 넘게 살아오면서 별로 기억에 남는 선물을 해준 게 없는 것 같다.

가족을 위해 일한답시고 늦게 들어와도 큰소리만 치곤 했다. 시간 지나 보니 잘해준 기억보다 잘못해 준 일들이 마음에 걸린다.

주말 예비 사위가 찾아와 오리고깃집에서 외식을 했다. 오는 길에 예전에 아이들이 다녔던 어린이집이랑 초등학교 길을 걸었다. 추억의 사진도 남겼다. 딸아이와 막내가 즐거워한다. 진즉에 좀 다닐 걸 후회 아닌 후회가 가슴 한편에 밀려온다. 큰마음 먹고 빵가게에 들러 최고 비싼 케이크를 샀다. 아이들이 생일축하 노래를 불러줬다. 아내의 웃는 모습을 참 오랜만에 보았다.

흰머리 성성한 모습을 보니 미안해서 눈물이 났다. 무엇이 그리도 슬펐던 것인지. 내년에는 노래 연습해서 생일 축가라도 불러줘야겠다.

028

냉장고

냉장고 문을 열었다. 술을 마신 날에는 숙취 탓인지 잠을 자다가도 물을 찾게 된다. 시원한 물 한 잔은 갈증을 해소해 준다.

동이 틀 무렵 아내가 잠을 깨웠다. 간밤에 냉장고에 있는 물을 엎질렀는지 물어온다. 물을 마시긴 했어도 쏟지는 않았다고 항변해도 소용이 없다. 바닥을 보니 물이 흥건하게 고여 있다. 아무 생각이 나지 않는다.

예전에 동료에게 전해 들은 이야기가 머리를 스쳐 간다. 술을 많이 마신 날 냉장고 문을 열고 소변을 봤다는 이야기가 떠올랐다. '아뿔싸' 혹시 어젯밤에 내가 실수를 한 건 아니겠지. 아내가 걸레를 가지러 간 사이에 혹시나 해 살며시 손을 가져가 냄새를 맡아보았다.

분명 물이었다. 안도의 한숨이 흘러나왔다.

이튿날 서비스 기사가 다녀갔다. 아내와 같이 시집온 냉장고와 긴 이별을 했다.

029

상 담

나이가 한 살 두 살 들어가다 보니 고민할 일이 많아진다. 몸은 늙어가도 마음은 청춘이라고들 하는데 여기저기 이상이 생기는 걸 보니 그렇지도 않은가 보다.

사람의 생각이 조금씩 다르면 이견異見이 생긴다. 일 욕심이 많아도 탈이지만 일을 자꾸 겁내는 사람을 보면 언짢아진다. 한편으로는 가여워지기도 한다. 이럴 때는 어떻게 해야 하나. 일이 생길 때는 주위 동료들과 상담하라는 말이 있다. 조금은 부족한 듯 보이지만 자기 마음을 내보이는 사람에게 과연 미워할 사람이 있을까.

아무리 잘난 사람도 가끔은 부족해 보이는 때가 있다. 누가 뭐라 그러더라도 마음에 담아두지 않으면 된다. 내가 깊이 생각하는 것처럼 상대는 깊이 생각지 않고 내뱉는 경우가 대부분이다. 사는 거 그러면 된다. 많은 것 바라지 않고 마음에 담아두지 않고 살면 내 마음이 편안하다. 그러면 되는 것이다.

나이 들수록 자신의 결점을 잊고 사는 경우가 대부분이다. 그래서 거울이 있는 것이다. 거울을 바라보았다.

외모만 보지 말고 가끔은 마음도 들여다봤으면 좋겠다.

사 색

지금까지 큰 무리 없이 살아왔다. 생각해 보면 모든 게 감사한 일이다. 퇴직 시기가 가까워질수록 뭔가 소중한 물건을 잃어버린 것 같은 마음이 든다. 가슴이 텅 빈 듯하고 세상이 낯설게 느껴진다.

가족을 지키기 위해 애썼던 굳건한 마음이 흔들리기 시작하는 나이 중년이다. 공허함이 맴돈다. "사표를 던져버릴까." "희망퇴직을 신청할까." 하루에도 수차례 안주머니에 넣어둔 사직서를 만지작거리던 때가 있었다.

긴 터널을 지나야 하는 분기점 앞에서 홀로 겨울 찬바람을 안고 서 있었던 건 아닌지. 어쩌면 인생의 전환점이 될 현실 앞에서 있는 그대로 받아들일 수 있는 용기가 필요한 시기이지 않을까라는 생각도 해 본다.

얼마 전 회사에서 퇴직한 선배를 만났다. 이야기를 나누다 보니 오십 넘어서 어떤 일을 하든 돈 때문에 하지는 말라는 조언을 해줬다. 무슨 일을 하든 사실이긴 하다.

돈이 없으면 불편하다. 돈이 부족한 것보다는 많은 것이 좋다. 사람 사는 게 얽매이지 않고 살아가면 좋긴 한데 돈은 늘 사람의 주위를 맴돌기만 한다.

젊어 돈 벌려고 부단히도 애를 써보았지만 잡히지 않는 게 돈이었다. 주위를 살펴보면 잡는다고 다 부자 되는 것도 아니었다.

채워도 채워지지 않는 행복, 고만고만하게 사는 것이 행복이다.

031

가족 여행

 겨울은 한가하다. 아니 한가롭고 싶은 겨울이다. 12월 중순을 넘어서자 얼마 전부터 아내가 어릴 적 고향 집 주위를 거닐고 싶다고 한다. 어릴 적 향수가 그리운 것은 비단 아내뿐만은 아닌가 보다.

 올해가 가기 전에 한 번쯤 시간을 맞춰보겠다고 이야기는 했지만 마음대로 되지 않는다. 눈코 뜰 새 없는 연말이다. 몇 날을 벼르며 직장 상사 눈치만 보았다. 몇 년 전만 해도 연말 휴가는 어림도 없었지만 약속을 한 터라 눈 질끈 감고 휴가를 내었다.

 가족 휴가라 해도 식구가 단출하다. 아내와 막내, 셋이 떠나는 여행의 첫 목적지는 창녕이다. 첫 부임지이고 첫 살림을 나고 첫 아이를 낳아 기르던 곳이다. 모든 것이 처음이었던 터라 서툴렀다. 아내는 준비된 것 없이 젊음 하나만 믿고 궁색한 살림을 꾸려 나갔다. 마음도 몸도 힘겨웠던 때이기도 했다. 큰아이를 임신하고 시장 과일 가게 앞을 지나는데 소쿠리에 담긴 노란 참외가 유독 눈에 띄었다. 참외 하나만 먹으면 입덧을 하지 않을 것 같아 가격을 물으니 이천 원이라 했다고 한다. 소쿠리에 든 참외를 수차례 들었다 놨다 망설이기는 또 얼마나 망설였는지. 주머니에 동전을 세어보니 천구백 원. 퇴근하는 남편 두붓국이라도 끓여줘야지 하며 참고 돌아서는데 왈칵 눈물이 쏟아졌다고 한다. 아마도 서러움의 눈물이었으리라.

참외 단내가 퍼지는 유월이 되면 참외 한 소쿠리는 단골 메뉴가 된다. 30년 전 전설의 이야기가 되어 아내는 사골처럼 우려낸다. 약간만 서운한 말을 하면 아내는 참외 이야기를 꺼내어 나를 꼼짝 못하게 한다.

"기억도 좋지요."

소쿠리에 담긴 참외 개수이며 크기, 가격에 상황까지 정확하게 묘사한다.

화를 낼 때는 잠자코 있어야 한다. 변명이라도 하는 날에는 자칫하면 골이 깊어질 수도 있다. 신혼 초에는 누구나 다 돈이 부족하였을 것이다. 우리 부부도 예외는 아니었다.

참외 골보다 더 진한 추억을 간직한 나는 오늘도 참외 이야기에 홍역을 치른다. 그래도 뾰로통한 그녀의 모습은 여전히 예쁘다.

032
물처럼 부드럽고 여리게

마음가짐을 바꾸면 인생이 바뀐다는 말이 있다. 사람은 태어날 때부터 완전하지 않은 존재이다. 그동안 불완전한 세상에서 불완전한 삶을 살아가며 완벽한 삶을 꿈꾸어 왔다.

나이 들면서 실수가 많아지는 것 같다. 눈도 침침해지고 귀도 잘 들리지 않고 더군다나 이도 시려 먹는 것도 시원치 않다. 사람마다 정도의 차이가 있긴 하지만 오십 중반이 되면 노화가 시작된다. 아니 좀 더 일찍부터 모든 신체구조는 퇴화하기 시작한다.

이럴 때면 인정하고 받아들이는 태도가 필요하지 않을까. 머리로 받아들이고 가슴으로 받아들여야 마음이 편안해진다. 있는 그대로 받아들이고 부정하지 않는 태도는 변화를 가져다준다.

육십이 가까워져 오면 출세와 학력, 성공이라는 단어들이 부질없다는 생각이 가끔 든다. 쳇바퀴 도는 삶 모든 것이 무의미하지 않을까.

주말, 물 흐르는 소리를 따라 광려천 길을 걸었다. 자연의 소리를 듣고 있노라면 시간은 그저 물처럼 흘러간다.

흐르는 물처럼. 부드럽고 여리게 살라 했는데.

033

여행의 깨달음

여행은 깨달음이다. 나를 찾기 위해 떠나는 것이고 돌아보기 위해 떠나는 것이다. 한 해의 끝자락에 서면 가까운 근교의 산이라도 홀로 걷고 싶어진다. 오로지 나 자신만을 위하여 생각하고 1년을 뒤돌아볼 수 있는 시간을 갖고 싶다. 직장인들을 보고 흔히 우물 안 개구리라고 말을 한다. 갇힌 생각, 선입견, 회사 울타리 안에서만 생각하는 편협함 때문이 아닐까. 나를 떠올려 봐도 그렇다.

해가 거듭될수록 직장생활이 심적으로 버거워진다. 세대 간의 갈등보다 세대 간의 공감이 부족한 게 아닐까. MZ세대는 당당하다. 거침이 없다. 트렌드를 따라잡지 못하는 우리들의 아재는 오늘도 힘겹다. 설 자리는 작아지고 외톨이가 되기 십상이다.

여행은 떠나기 전부터 설렌다. 계획을 세우며 마음이 들뜬다. 떠나는 중에도 기대감으로 들뜨고 돌아와서는 기억 속의 추억 때문에 들뜬다. 여행은 쫓기듯 살아오던 삶의 짐을 잠시 내려놓는 홀가분함이다. 떠남은 출발이며 자유이고 자연스러움이다.

사람들은 여행한다. 나도 여행을 좋아한다. 삶의 여행은 나의 길을 찾아가는 여행이 아닐까. 어쩌면 우리는 지구별이라는 곳에서 마지막 여행을 하고 있는지도 모를 일이다.

034

기억과 기록

요즘 들어 기억력이 신통치 않다. 누구나 그러하듯 젊은 시절에는 기억력 하나는 좋다고들 했는데. 깜빡깜빡한다. 가끔 사용하던 휴대전화를 어디에 둔 지 몰라 허둥대기 일쑤이다. 아직 50대 중반인데 치매라고 하기엔 이르고 건망증이라고 믿고 싶다.

사람의 기억력은 한계가 있는가 보다. 그토록 생생했던 기억들이 시간 흐르면 대부분 잊어버리게 되니 말이다. 한편으로는 안 좋은 기억들은 빨리 잊어버리는 게 상책이라는 생각도 든다. 해가 더해질수록 좋지 않은 생각은 오래간다. 이상할 만큼 아픈 기억들이 유독 생생하다.

기록하고 정리하는 일은 마음을 가볍게 한다. 잠자리에 들기 전 오늘 기억에 남는 일들을 노트에 모두 쏟아 놓는다. 이래야지만 잠을 깊이 잘 수 있을 것 같아 몇 달 전부터 실행해 보니 도움이 된다. 머리맡에 메모장을 두고 잠들기 전에 생각나는 건 기록해 둔다. 얼마 전까지만 해도 잊지 않으려 생각만 하다 뜬눈으로 밤을 지새운 날이 있다.

연세 많으신 어른들이 나이 들면 잠이 없어진다고 하더니 아마도 근심, 걱정 때문이 아닐까. 자식 걱정, 집안 걱정, 회사 걱정,

눈뜨면 모든 게 걱정거리다.

기록한다는 것은 잊기 위함이다. 누가 알겠는가. 지나온 발자취가 시간 지나면 세월의 흔적이 될지.

어느 늦깎이 작가의 '나'를 찾기 위한 기억과 기록. 이렇게 잠들기엔 참으로 아쉽다는 생각이 든다.

035

크리스마스이브

코로나 부스터 샷을 접종한 후 몸 안에 작은 변화가 나타난다. 말로는 표현할 수는 없는 무력감이다. 팔, 다리가 몸살감기 증상처럼 힘이 없고 피곤하다. 반나절을 방 안에 꼼짝없이 누워 있다.

여기저기에서 카톡, 문자가 울린다. '메리 크리스마스' 성탄절 인사다. 종교를 떠나 성탄절이나 부처님 오신 날은 사람의 마음을 선하게 하는 것 같다. 사랑, 평화, 자비라는 몇 가지 단어만으로도 사람과의 믿음을 회복시켜 주기도 한다.

오후에 조금 정신을 차려 마을 뒷산을 올랐다. 더 누워 있으면 몸살이 올 것 같아 억지로라도 움직여야겠다는 생각이 들었다. 요즘은 지자체마다 산책하기 좋도록 계단을 만들어 놓아 산을 오르기도 한결 가볍다.

한 계단 두 계단, 계단의 숫자를 헤아려 본다. 어쩌면 계단을 오른다는 것은 나이를 먹고 세월이 흐른다는 것을 몸으로 받아들이는 단계가 아닐는지.

지난주 시골을 다녀왔다. 마당 양지 녘 잔디밭 가장자리에 새가 물어 놨는지 아니면 어머니께서 콩 타작하다 흘리신 건지 제법 푸릇하게 콩 싹이 올라온다. 거름 무더기 옆이라 영양분을 흡수하기 좋은 장소였을까. 비스듬히 누워 푸른빛이 더해간다. 가을이라 잔디밭이 무채색으로 변해 가는데 유독 눈에 띄는 콩잎, 분명 잡초인데 보기는 좋다. 푸름은 젊음의 상징이기도 하다. 그래서 푸름을 한창때라는 말로 표현하기도 한다.

어떤 자리, 어떤 상황이냐에 따라 콩밭에 잔디는 잡초가 되기도 하고 잔디밭에 콩도 잡초가 되기도 한다. 생각해 보면 내가 있어야 할 자리에 제대로 자리 잡고 있는지 의문이 든다.

그 자리가 아버지의 자리가 될 수도 있고 회사의 자리가 될 수도 있지 않을까. 내가 필요하지 않은 곳에 다리를 뻗고 있지는 않은지.

내가 필요한 곳, 있어야 할 곳에 머물러야 할 것이다. 내 마음의 자리에.

036

성탄절

올해 들어 가장 춥다고 한다. 한파 특보에 눈이 내린다고 하니 창 너머 길거리에도 인적이 뚝 끊겼다.

시골 본가에 어머니와 읍내 처가댁에 장인어른은 잘 계시는지 궁금하다. 시골은 도심지보다 기온이 훨씬 차다. 아침밥을 먹으며 막내와 함께 두런두런 이야기를 나눈다. 별일 없으면 시골 할머니께 다녀오면 어떻겠냐고 말을 건네니 아이도 좋아라 하며 따라나선다.

어머니는 빵을 좋아하신다. 연세가 드셔서 그런지 달콤한 음식이 입에 맞는가 보다. 빵집에 들러 롤케이크 세 개를 사서 종이봉투에 담았다. 주차장으로 향하는 길에 커피도 테이크아웃해서 들었다. 따뜻한 커피 한 모금이 움츠렸던 마음을 따스하게 한다. 막내는 이 추운 겨울에 아이스아메리카노를 먹고 있다. 컵에 담긴 얼음을 보니 절로 이빨이 시려온다. 젊음이 좋긴 좋은가 보다.

코로나 팬데믹 영향 탓인지 고속도로가 생각보다 한적하다. 시골 풍경도 예전 같지 않다. 텅 빈 들판에 짚 무더기만 군데군데 쌓여 온통 무채색이다. 아이들이 뛰어놀던 논에는 떨어진 알곡을 찾아드는 새들의 여유로움만 있다. 겨울은 한가로움 그 자체였다.

시골집은 언제나 푸근하다. 내가 나고 자란 곳이라 그런가 보다. 주위에 산장이 들어서고 환경은 바뀌어가고 있지만 아직은 어머니께서 살아계셔서 옛 정취 그대로이다.

안마당에 들어서니 생각보다 햇살이 따사롭다. 담장 역할을 하는 아래채가 둘러싸고 있어 바람을 막아준다. 어머니께 인사를 하는 둥 마는 둥, 집 주위를 둘러보았다. 보일러는 잘 돌아가는지, 물 새는 곳은 없는지. 아래채에는 구멍이 듬성듬성하다. 바람을 견뎌오고 세월을 견뎌온 흔적인가 보다.

차 한 대가 불쑥 골목길로 들어선다. 막냇동생 내외다. 약속도 하지 않았는데 같은 시간에 오다니. 그것도 포항에서 시골까지. 여간 반갑지 않다. 젊을 적에야 자식 키우느라 정신없었지만 나이 들면 부모가 그리워지는가 보다. 걱정되는 마음은 아마도 같은 마음이지 않을까.

어머니 얼굴도 훨씬 밝아 보인다. 소고기에 전복까지, 굽고 지지고 점심은 금세 잔칫집으로 변한다. 전화벨이 울린다. 둘째 여동생 내외가 오후에 들른다고 한다. 요리하는 손이 분주해진다. 옛말에 이래서 자식은 많이 낳아야 한다는 이야기가 있는가 보다.

자식 일 때문에 싸우고 자식 키우면서 웃고 부부란 그런 거다. 허허 웃으며 말씀하시던 아버지. 아픈 손 잡아주던 따스한 체온이 그립고 그립다.

037

전화기 이야기

어렸을 땐 세상이 참 예쁘고 맑게 보였다. 산골에 흐르는 시냇물이 그랬고 들판에 지천으로 피는 꽃들이 그랬다.

하얀 눈이 내리면 혓바닥을 내밀고 골목길을 쫓아다녔다. 우리 집 복슬강아지도 덩달아 신이 났다. 사람도 강아지도 눈밭을 뒹굴었다. 눈이 소복이 쌓이면 눈을 뭉쳐 먹기도 하고 눈사람을 만드느라 마을에는 아이들의 해맑은 웃음소리가 넘쳐났다. 얼어붙은 눈이 녹기 시작하면 초가집 처마 밑에서 시간을 보냈다. 매달린 고드름을 '뚝' 떼어 한입 깨물어 나눠 먹던 청량한 맛은 지금도 잊을 수 없다.

첫 등교일, 손수건을 왼쪽 가슴에 달고 입학식을 했다. 지금이야 코 흘리는 아이도 없겠지만 예전에는 누런 코가 한 뼘씩 내려오곤 했다. 학급마다 훌쩍거리며 빨아 먹던 아이들이 태반이었다. 나 역시도 마찬가지였다. 초등학교 시절 신학기가 되면 피하고 싶었던 장면이 하나 있다. 아이들의 성장환경을 조사하는 '가정환경 조사'였다.

산골의 봄은 잔설 탓인지 힘겹게 왔다가 눈부시게 피었다. 봄이 오면 못자리하고 농사 채비를 하느라 눈코 뜰 새 없이 바빴다. 내가 전화기를 처음 접한 건 초등학교 5학년 무렵이었던 걸로 기억한다. 검정색 공전식 전화기는 동네 이장 집인 친구 L집에 있었다.

어느 날이었다. 친구 L이 외삼촌에게 전화가 왔다고 헐레벌떡 뛰어왔다. 전화기를 처음 받아 들던 날, 외삼촌의 목소리가 귀를 타고 흘러 들어오는데 전율이 일었다.

조사표를 받아 들었다. 전화, 냉장고, 텔레비전, 자전거, 심지어 재봉틀까지 대부분의 아이들 집에는 없을 법한 가전제품들이 나열돼 있었다. 간혹 가다 있는 가전제품에 동그라미를 쳤다. 있는 것보다 없는 것이 더 많았다. 대부분은 없어서 그 빈 여백이 부끄러웠다.

부모의 학력을 가늠하는 질문도 있었다. 대졸, 초급대학 졸, 고졸, 중졸, 무학. 내려갈수록 아이들 잘못도 아닌데 주눅이 들었던 기억이 난다. 어떤 때는 공개적으로 돌아가며 답을 해야 하기도 했었다. 어른들의 무심함이었을까. 어린 동심에 가난은 '부끄러움'이란 것을 강요하기도 했다.

어린 기억 때문이었을까. 때늦은 계절에 전문대학을 입학해 늦깎이로 대학원을 졸업했는지도 알 수 없다.

시간 지나 보니 코흘리개 어린 시절이 그립기도 하다.

038
막내와 조경작업

나무를 자르는 일은 신중해야 한다. 수년을 키운 나무를 자른다는 것은 더욱 그러하다. 한 번 잘린 나무는 다시 이을 수 없기도 하지만 볼품없는 나무를 볼 때마다 후회가 밀려오기 때문이다.

아버지는 나에게 최고였다. 내가 가장 존경하는 사람은 아버지였다. 어린 기억 속의 훌륭한 위인도 왕도 대통령도 아니었다. 아버지에게 자식이 전부였듯이 이순이 다 되어 보니 나에게도 아버지가 내 인생의 전부였다.

아버지 산소 주변 조경작업을 한다. 향나무를 전지하면 향내가 난다. 나도 그랬으면 좋겠다. 사람에게도 자신만의 특유의 냄새가 있다. 다른 사람에게 비치는 내 모습도 선한 영향력으로 기억되면 좋겠다. 그것이 욕심이 아니라면 말이다.

27년 동안 굳건하게 자리를 지키고 있는 목련 나무. 아랫바람이 심하게 치면 바람을 막아주는 방풍림이다. 나무를 톱질하고 전지를 한다. 잘려 나간 나무를 치우는 작업이 만만하지 않다. 사람도 너무 세밀하거나 하는 일 없이 빈둥대면 눈에 나게 된다. 이리저리 기웃거리며 남의 일에 간섭하면 잘려 나가기 십상이다.

백일 동안 꽃을 피운다는 배롱나무는 호위무사처럼 산소 양옆에 자리 잡고 있다. 목련 옆 작은 소나무 가지를 분재처럼 전지했다. 온종일 나무와 함께 지냈다. 나무는 말이 없다. 힘든 날도 바람이 불면 소리 내어 울 뿐 아무런 대꾸를 하지 않는다. 그렇다고 사람에게 바라는 것도 없다. 산소 옆 목련 나무도 그렇다. 여름이면 그늘을 만들어 쉬게 하고 봄이면 하얀 목련을 피워 지나가는 사람을 즐겁게 한다.

한자리에서 나를 기다리고 서 있다. 자주 오는 것도 아니고 한식날, 아버지 제사, 벌초 그리고 추석, 설날. 기껏해야 1년에 열 손가락 안이다. 나라면 이렇게 기다릴 수 있을까.

아버지 돌아가신 이듬해에 식수했으니, 나에겐 든든한 나무다. 오랫동안 지켜줬으면 좋겠다. 나도, 아이도, 계절이 바뀌면 목련 나무 아래서 아버지를 기억할 것이다.

어른이 되어도 울고 싶은 날이 있다. 아버지가 되어도 여전히 '아부지'가 그립다.

039

잘난 체하지 말기

　누구든 칭찬받으면 기분이 좋다. 점심시간에 회사 동료와 식사하면서 칭찬 몇 마디가 오간다. 분위기가 무르익어 서로 돌아가면서 칭찬한다. 어떻게 하다 보니 나에 대해 칭찬이 이어졌다. 칭찬을 듣고도 얼굴에 변화가 없어야 하는데 아직 부족함이 많은 탓인지 마음을 억누르지는 못한다. 있는 대로 솔직하게 표현하는 것도 좋으련만 자칫하면 자기 과시욕으로 비칠까 봐 조심스러워진다. 아무 말 없이 고개 숙여 밥만 먹었다.
　성숙해진다는 것은 감정의 기복이 덜하다는 것이다. 물론 없으면 좋지만, 사람인지라 내면의 중심을 잡고 살기는 여간 어려운 일이 아니다.
　모난 돌이 정 맞는다고 조직 생활에서는 도드라지게 행동하는 사람이 비난에 휩싸이기 쉽다. 무슨 말을 들었다고 즉흥적으로 행동하는 것보다 한 번 더 생각해 보고 실행에 옮기는 것이 현명하다. 물론 쉬운 일은 아닐 것이다.
　회사 생활하다 보면 때론 패기와 용기가 필요한 순간도 있다. 걱정 아닌 걱정과 긴장으로 잠 못 이루는 밤도 있을 터이고 고객 앞에서 실수도 있을 수 있고 업무 오류도 범할 수 있다. 해봐야 안다. 무엇이든 경험해야 배울 수 있다.

  점심시간에 오간 칭찬 속에 얕게 깔린 나의 수많은 실수가 묻힌다. 알량한 자존심은 버려야 몸도 마음도 가벼워진다. 나이 들수록 가볍게 살아야 하지 않겠는가.

040

미련 두면 미련한 일

한 해 동안 일어난 많은 일들이 잿빛 하늘에 구름처럼 흘러간다. 새로운 조직 새로운 업무 새로운 환경에 부산과 마산을 앞마당 드나들 듯이 오갔다.

33년 차 회사원은 푸른 가을 하늘을 올려다볼 여유조차 없었다. 무미건조한 하루하루를 보내며 힘들었던 순간을 그대로 받아들이는 연습을 했다. 받아들이고 다음에 무엇을 할지만을 생각했다. 한편으로는 위기의 순간도 있었다. 사람과 소통해야 하는 '수행' 업무는 외부 고객과 내부 직원, 파트너사와 이해관계자들의 이견을 조율하고 협업하여 업무를 진행해야 한다. 약간의 스트레스가 동반되는 직업이기도 하다. 다소 정신적인 스트레스가 따를 수 있는 일도 발생한다. 돈 관계가 얽히는 대부분의 직업이 그렇지 않을까.

한편으로는 사람과의 관계를 풀어가는 과정을 겪다 보니 스스로 포장하는 일이 줄어드는 것 같아 위안이 된 적도 있다. 연말에 딱히 큰 업적을 이룬 건 없다. 작은 변화라곤 글의 소재를 정해 무언가 계속 써 내려갈 작은 힘이 생겨나고 있다는 것에 위안을 삼는다.

성실하고 자연스럽게 살아가고픈 소망을 가져본다. 주위 사람들이 아픔의 고통에서 벗어나고 마음 평안하게 살아갈 수 있기를 바랄 뿐이다.

지나간 일에 미련을 두면 미련한 일이라는 말이 있다. 받아들일 건 받아들이며 모나지 않게 사는 것이 평범하게 사는 방법이 아닐까.

041

마음 맞추기

어둠을 빛으로 밝히는 방법이 있다. 도저히 감사하기 어려운 일에도 감사할 때 힘과 자신감은 더 충만해진다.

나이 들수록 내려놓기란 힘이 든다. 내려놓으면 원하는 것을 얻을 수 있는 길이 열릴 때도 있지만 생각만큼 쉽지는 않다.

오후에 막내와 산책을 한다. 황톳길을 따라 '침대봉'을 향한다. 산행 친구나 다름없는 막내는 같은 남자의 입장에서 사물을 바라보고 이야기를 나눌 수 있는 말벗이다. 천천히 우직하게 걸어가는 막내의 모습을 보고 있노라면 어떨 때는 대견해 보인다.

나름 33년의 직장생활을 충실히 했다. 큰 성공은 아니어도 자식들을 나라에 보탬이 될 수 있도록 성장시켰고 나 역시도 후회될 만큼의 직장생활은 하지 않았다고 생각한다. 특별히 잘한 것도 없지만 흠 없이 직장생활을 하지 않았을까.

요즘 들어 조직을 위해서 헌신하는 것도 좋지만 걸어온 길을 남겨 놓아야겠다는 생각이 들곤 한다.

연필을 드는 데도 용기가 필요하다. 살아온 세상을 인정해 주고 흔적을 남겨두어야 후배들에게도 도움이 될 터이다. 물론 나를 위해서도 당연한 일이다.

시간은 아껴두면 안 된다. 하고 싶은 일이 있으면 지금 해야 한다는 말이 있다. 단체생활을 하다 보면 성격이 맞지 않는 사람이 있다. 그렇다고 상대를 떠나라고 할 수는 없는 법이다. 급여 받는 사람이 내가 하기 싫다고 일을 하지 않을 수는 없다. 물건이든 사람이든 좋은 것만 곁에 둘 필요가 있다는 생각이 든다. 소중한 사람만 만나고 살기에도 너무 짧은 삶이다. 아마도 산책의 동행은 고뇌인가 보다.

한 가지 목적으로 모인 직장생활은 때가 되면 각자 뿔뿔이 흩어지게 된다. 당신과 내가 생각하는 것처럼 우리는 매일 고민한다. 급여를 적게 받고 힘든 일을 할 순 있어도 급여를 많이 받고 쉬운 일을 할 수는 없다는 말이 있다. 그럼에도 우리는 견뎌내야 하고 긍정적으로 세상을 바라봐야 하지 않을까.

막내와 손을 잡고 정상을 오른다. 마음이 훌쩍 자라버린 아들과 마음을 맞추며 걸었다. 마음의 소리를 들을 수 있는 시간인가 보다. 사는 것은 먼저 자신을 사랑하고 인정하고 신뢰하고 받아들이는 데서 시작된다.

논어論語에 고진감래苦盡甘來라는 말이 있다. 쓴 것도 오래 씹다 보면 단맛이 돌기도 한다. 고생苦生 끝에 낙이 온다는 말. 어렵고 쉬움은 마음먹기 나름이라 하지 않던가.

힘겹지 않은 시간이 어디 있을까. 삶이 어두운 가시밭길이라도 걸어야 할 때가 있다. 수없이 넘어야 하는 크고 작은 고개, 참고 견뎌내면 새날은 밝아오기 마련이다.

042
다 짐

　세상 사는 게 공짜는 없다고들 한다. 연초가 되면 마음속으로 늘 다짐한다. 건강해지기 위해서 운동을 해야겠다는 마음과 또 하나는 단란한 가정이 되도록 바라는 가족의 행복이다. 가장이라면 누구나 한 번쯤은 빌어보는 극히 평범한 속다짐이다.
　아는 만큼, 다짐한 만큼 실천하면 좋지만 시간 지나면 번번이 약속을 어기고 만다. 올해도 그렇다. 얻고 싶은 게 있으면 노력이라는 대가를 지불해야 한다. 작심삼일도 반복하면 습관이 된다고 하는데 생각보다 쉽지는 않다.
　부정적으로 생각할 필요야 없겠지만 사람의 마음가짐에 따라 세상 보이는 게 달라진다고 한다. 오래 살지는 않았지만, 세상에 공짜도 있었다. 우리 부모님 내가 성장하도록 베풀어 준 사랑은 무한대였다. 모두가 덕 보려는 세상이었지만 당신 먹을 것 입을 것 아끼며 자식 키우느라 허리가 다 굽어 버렸다. 부모님의 사랑은 공기와 같다. 당연하다고만 생각해 왔다. 공짜지만 잊어서는 안 될 사랑이지 않을까.
　마음만 바꾸고 조금만 실행하면 세상에 널린 게 행복이다. 여기저기 걸어 다닐 수 있음에 감사한 하루다.

043
실수해도 괜찮다

모르는 것을 모른다고 대답할 수 있어야 하는데 어른이 된 이후에 이 질문에 대해 곤란을 겪은 경우가 있다.

모든 것을 다 알 수는 없다. 다 알지도 못한다. 학습의 효과가 부족해서 그런 것도 아니다.

고객에게 곤란한 질문을 받고서 누군가에게 전화해서 물어보면 해답이 나올 터인데 잠깐 동안 혼자 고민한 적이 있다. 혹시나 상대가 나를 낮춰보지는 않을까. 지금 와서 생각해 보니 쓸데없는 걱정이었다.

업무를 혼자 떠맡는 사람은 성실하다. 아니 성실해질 수밖에 없다. 내 경우도 그렇다. 수행업무를 맡고 나서부터 절대 실수하면 안 된다는 생각이 머릿속을 떠나지 않는다.

사람이 완벽하게 일 처리를 하려는 마음이 앞서면 늘 긴장 속에 살아야 한다. 고객사에 정전작업이 있는 날은 긴장감이 극도로 예민해진다. 풍선이 부풀어 오르듯 눈앞의 상황들이 잘 보이지 않는다. 설상가상으로 불안하고 초조해지면 시야도 점점 좁아지고 생각도 좁아진다.

여건이 허락한다면 멈춰 서서 생각해 볼 일이다. 잠시라도 마음을 가라앉히고 흘러가는 상황을 차분히 바라봐야 한다. 정말 무서운 것은 이상한 방향으로 흘러가도 아무도 조언을 해주지 못한다는 것이다.

머뭇거리면 결국 풍선이 터지듯 일이 커지고 만다. 평온한 분위기는 일순간에 날아가 버린다. 살다 보면 실수도 할 수 있다. 나만이 일을 할 수 있는 것도 아니다. 주위 사람들에게 민폐는 끼치지 말고 살아야겠다는 생각, 이런 생각은 하지 않아도 된다.

내가 잘하지 못하는 게 당연하다고 생각하면 마음이 한결 가벼워진다. 자신의 부족한 부분을 인정하면 몸도 마음도 가벼워진다.

처음 살아보는 인생, 누구나 실수하며 성장하는 거다.

044

기 적

어떤 일을 계획하고 실현하는 과정은 어렵다. 행동이 습관이 되기까지 대략 3개월 정도 소요된다는데 여기까지 매일 지속적으로 실행한다는 것은 힘이 든다. 그것도 하기 싫은 일을 하기란 고통스럽기까지 하다.

이른 새벽 따뜻한 이불 속의 달콤한 유혹을 박차고 나오기까지는 용기가 필요하다. 모든 것이 하기 나름이고 마음먹기 나름이라고들 한다. 간단한 아침 운동을 시작한 지 일주일째다. 생각해 보면 쉬운 일도 없고 어려운 일도 없다. 그냥 하다 보면 습관이 될 것이다.

직장생활도 그러했다. 생각 없이 몰두하다 보니 벌써 삼십여 년의 세월이 흘러가 버렸다. 어디로 가는 걸까. 직장생활의 끝은 분명 정해져 있다. 회사생활 잘한다는 것은 회사가 시키는 대로 회사가 원하는 방향으로 흘러가는 게 아닐까. 아무 말 없이 조용히 사는 방법을 터득하며, 침묵 속으로 빠져드는 것이 회사가 원하는 인재상일 것이다.

모난 돌이 정 맞는다고 노동조합도 어쩌면 정치 세력이나 다름없을지도 모른다. 물론 노동자의 대변인 역할을 자처하며 노조 활동을 이어가는 사람도 있겠지만. 어디든지 한쪽으로 치우치면 안 될 터이다. 오십 넘으면 약간의 무모함과 배짱만 있으면 회사는 언제든지 그만둘 수 있고 세상을 밝게 볼 수 있다. 그 마음으로 회사생활 하면 좋은 선배로 기억될 수 있지 않을까.

　삶은 공평하지 않지만 죽음은 공평하다는 말이 있다. 운명에 순응하고 감사하며 살아야 한다. 살다 보면 좋은 일도 있지 않을까.

　"누군가 그러더라. 지금까지 살아온 게 기적이라고."

045
은퇴 준비는 마음다짐

 흔히 아침에 일어나 어디든지 갈 곳이 있으면 행복이라는 말이 있다. 다가올 미래에 대해 걱정하기보다는 이제는 미래를 준비해야 하지 않을까.
 출퇴근길, 빨간불이 켜진 신호등 앞에서 차에 앉아 생각해 본다. 내 딴에는 열심히 한다고 살아온 삼십여 년의 세월이 한결같이 쓸데없는 일들이었다는 생각이 든다. 물론 그중에 노후에 도움이 될 수 있는 것도 있겠지만 그것도 시간이 지나면 무용지물이 될 수 있다는 생각에 성취는커녕 아무 데나 최선을 다했다는 느낌이 든다. 엉뚱한데 시간과 노력을 들이느라, 정작 소중한 아이들과의 추억 쌓기를 놓쳐버린 건 아닌지.
 무엇이 최선인지도 모르고 달려온 시간이다. 아이들과의 대화, 아내와의 소통, 나의 내면을 들여다보며 내가 정작 무엇을 원하고 있는지 어느 방향으로 가고 있는지 한 번쯤은 살펴봤으면 좋지 않았을까.
 시골에는 날씨가 추워지기 전 땔감을 미리 준비해야 한다. 어릴 적 아버지를 따라 산에 나무를 하러 다닌 적이 있다. 저녁노을이 붉게 물들면 그해는 가뭄이 계속되고 저녁에 골짜기 바람이 불면 좋은 날씨가 이어진다는 이야기를 어렴풋이 들었던 기억이 있다.
 퇴직 후의 징조를 읽으면 길이 보인다고 했다. 자연을 통해서 내 모습을 바라볼 수 있는 지혜가 있었으면 좋겠다.
 불안이 잡초처럼 무성하게 자라지 않도록 마음을 돌보는 시간이 필요하지 않을까.

046

말조심

자나 깨나 말조심, 하고 싶은 말 다 할 수는 없다. 다 해서도 안 된다. 하고 나면 후회하고 후회된다.

발 없는 말이 천 리를 간다는 속담처럼 말은 빠르다. 회사일 하면서 깨달은 것은 한 사람의 말을 듣고 그 사람을 평가해서는 안 된다는 것이다. 어설픈 용기로 동료를 대신해 바람막이가 되겠다는 마음으로 직책 자들에 항변하는 것만큼 어리석은 행동은 없다. 설사 그 행동이 옳든 그르든 그것은 중요하지 않다.

조직은 방향성이다. 사회생활도 그렇다. 물 흐르는 것을 가로막거나 방향을 바꾸려다 보면 저항에 부딪치기 십상이다. 높은 자리에 있다는 것은 힘을 가진다는 것이다. 설사 마음에 들지 않더라도 그것을 표현할 필요는 없다. 사람 없는 곳에서 욕해봤자 결국은 자기에게 돌아온다. 살다 보면 다 마음에 들게끔 행동할 수는 없다. 마음에 들지 않으면 차라리 함구하는 게 좋지 않을까.

지나 보면 안다. 내가 세상 사는 데 조금이나마 용기와 힘을 불어넣었는지, 비난만 하다 허송세월을 보냈는지. 어차피 삶은 모든 사람을 만족시킬 수는 없다.

말 한마디에 마음 다치는 일이 없었으면 좋겠다.

047

모 정

전화벨이 울린다. 꿈인가 싶기도 하다. 잠결에 수화기를 집어 들었다. 나지막하게 들리는 목소리, 분명 꿈은 아니었다.

잠이 덜 깬 눈으로 벽시계를 바라보았다. 새벽 3시가 넘어선다. 적막하기만 한 시간이다. 필경 무슨 일이 일어났을 것만 같은 예감이 순간적으로 스쳐 지나간다.

"엄마 뭔 일 있으세요."

"큰아야 춥다. 추워서 잠을 잘 수가 없다."

소한이 지나고 맹추위가 기승을 부린다. 밤바람에 별들도 모두 구름 속으로 숨어버린 새벽이다. 자초지종을 물어보니 보일러 온도를 조절하는 장치에 불이 들어오지 않는다고 한다. 큰방과 작은방에 불을 켜봐도 불이 오지 않는가 보다. 아랫방도 마찬가지라 한다. 전깃불이 들어오지 않는다는 건 분명 탈이 난 것이다.

달이 떠오를 무렵 일찍 잠을 청한 어머니는 하현달이 서쪽으로 뻗은 감나무 가지에 걸릴 무렵에서야 한기를 느껴 잠이 깼다고 한다. 집 전체에 불이 들어오지 않는 걸 보니 필경 전기 배선에 이상이 있을 거라는 생각이 든다.

어디에 연락해야 할까. 지척에 여동생이 있긴 하나 너무 늦은 시간이다. 설사 온다고 해도 해결할 수는 없을 것 같다. 소방서에 연락하자니 미안한 마음이 앞선다. 추위에 떨고 있을 엄마를 생각하니 급한 마음이 앞서긴 하지만 우리보다 더 급한 환자가 발생하면 도움을 받을 수 없을 것 같아 망설이기만 하다 결국 전화 통화로 방법을 찾아본다.

팔순이 넘은 노모는 산골 외진 마을에 지낸다. 살면서 남에게 손 벌리지 않고 주위에 도움 없이 홀로 살아오셨다. 아버지가 떠난 빈자리를 지켜오신지 삼십여 년이 되었다. 그동안 칠흑 같은 어둠을 맞닥뜨린 게 한두 번이었으랴. 자식 넷을 키우다 보니 어둠은 무서움의 대상이 될 수 없지 않았을까. 전화기를 든 채 창을 열어봤다. 살을 에는 바람이 베란다를 훑고 지나간다.

나뭇가지로 차단기를 올려보라고 했다. 댓돌을 밟고 차단기를 올리는 손이 얼마나 떨렸을까. 순간 오만 가지 생각이 들었다. 전기는 이상이 있을 때 차단기가 떨어진다. 이상 개소를 수리하지 않고 차단기를 올리면 또 트립 되고 잘못하면 화재로 이어질 수 있다. 시골로 출발해야 하나 고민하던 찰나에 차단기가 올라간다고 한다. 다행이다. 아마 과부하로 차단기가 떨어진 모양이다.

당신은 언제나 자식 걱정이다. 곤히 잠들어 있을 아들을 깨우지 않으려고 달이 이울 때까지 불 꺼진 골방에서 홀로 추위를 이겨내셨을 엄마.

자식이 부모의 마음을 반만 헤아린다면 효자 안 될 사람이 없다는데.

048

아내의 언어를 이해하는 법

밤하늘의 별 같은 사람이 있다. 주위에서 온통 부정적인 이야기를 하더라도 긍정의 언어를 쓰는 이가 나는 좋다.
모두가 불만을 토로할 때 제 갈 길, 제 할 일을 묵묵히 하는 이가 나는 좋다. 비록 일면식이 없는 사람이라도 먼 길 떠나는 이에게 잠시나마 묵상할 줄 아는 마음 따스한 이가 나는 좋다. 출근길 신호등 앞에 영구차와 나란히 멈추어 섰다. 생각이 깊은 날이다.
가깝고도 먼 사이, 부부는 강 하나를 사이에 두고 오랜 날을 헤매기도 하고 그리워하기도 한다. 배고프고 가난했던 시간을 벗어나기 위해 함께 발버둥 쳤던 아내와 때론 의미 없는 줄다리기를 한다. 눈 내리는 겨울밤을 지새우며 그녀를 그리워한 적이 있었다. 서로의 언어가 달랐다. 어쩌면 부부란 해와 달 같은 존재가 아닐까.
안전 안내 문자가 날아든다. 내일 아침부터 전국이 영하권으로 든다고 한다. 세상에 무서운 게 없었는데 한파보다 겁나는 게 하나 있다.
법원은 멀리 있지 않다. 그녀의 말은 법과 대등하다. 우리 집에 사는 그녀의 말을 잘 들어야 밥이 제때 나온다.
희한한 일이다. 길들여지나 보다.

049
말과 침묵

　말해야 할 때 침묵하는 것은 잘못이다. 침묵해야 할 자리에서 말하는 것도 잘못이다.

　말해야 할 때와 침묵해야 할 때를 구분하기는 어렵다. 더군다나 상대가 화가 났을때 때를 알아 적절히 들어주고 행하는 것은 사람의 관계를 좋게 한다. 세상사 복잡하다 보니 말과 침묵 사이가 궁금하지 않을 수 없다. 상대의 부정적인 이야기를 듣고 참고 있자니 속에서 열불이 나고 같이 말하자니 더 큰 싸움이 될 듯하다. 시간 빼앗기며 말해봤자 바뀌는 것 하나 없을 테니 이러지도 못하고 저러지도 못하고 내 입만 아플 터이다.

　말해야 할 자리에서 꿀 먹은 벙어리처럼 있다가 한참 지난 후에 이러쿵저러쿵 뒷말하는 사람은 소인이나 다름없다. 입을 다물려면 끝까지 다물어야 한다. 침묵해야 할 때 침묵하지 않고 나서는 사람은 경계해야 한다. 나이 들어 올바르게 처신한다는 것은 쉽지 않다. 알아차린다는 것은 더 쉽지 않다.

　묻지 않았는데 중간에 끼어들어 내 말만 하는 것을 '수다'라 하고 질문했을 때 내 뜻을 다 전달하지 않는 것을 '함구'라 한다. 말이 많으면 자신을 잃고 함구하면 세상과 끊어진다.

돌이켜 생각해 보면 나이 들수록 지혜로워야 하는데 말만 늘어가는 듯하다. 봄이 오면 꽃봉오리 맺혀 활짝 벙그러질 때까지는 온축의 시간이 필요하다. 내면을 충실히 한 뒤 말은 곱씹어 가려 해야 한다. 쉽지 않은 일이다.

살다 보면 정신없이 바쁠 때가 있다. 몸이 바쁘면 마음의 여유가 없어지는 게 자명하다. 젊어 바쁜 거야 좋은 일이지만 주의해야 하는 것은 하는 일 없이 마음만 부산스러울 때이다. 짧은 하루, 짧은 시간이다. 같은 것을 보고도 빛나게 설명할 수 있으면 좋겠다.

정말 소중한 것은 눈에 잘 보이지 않는다. 또 눈에 보이는 것만이 전부도 아니다.

여백의 시간 위에 노산 이은상* 선생이 노래한 시조 한 구절을 읽어본다.

  백년도 잠깐이요

  천년이라도 꿈이라건만,

  여름날 하루해가

  그리도 길더구나.

  인생은 유유히 살자

  바쁠 것이 없나니

*출처: 노산鷺山 이은상(1903~1982) 시인 시조 인용.

050
하루가 아름다운 당신

 한 푼 아끼려고 건강을 돌보지 않고 살아온 적이 있다. 아니 돌볼 새도 없이 쉰 중반의 징검다리를 건너고 있다.
 불혹이 넘은 늦깎이 대학 생활은 내게 많은 것을 가르쳐 줬다. 가난은 생각보다 질기다는 것과 희망만 품으면 뭐든 해낼 수 있다는 용기를 심어 주었다. 그 용기의 실행 덕분에 아직은 몸에 익지 않은 '수필가'라는 작은 꿈도 펼칠 수 있었다.
 돈이 인생의 전부는 아니지만 부족하면 삶이 힘겨워진다는 것을 늦은 나이에 대학을 다녀보니 알겠더라. 더구나 직장생활 하며 야학을 한다는 게 가볍지만은 않았다.
 모으는 것도 중요하지만 쓰임새를 알아 잘 써야 한다. 우리 집 막내가 일곱 살 무렵에 한 말, 장난감을 안 사준다고 울먹이면서 한 이야기다.
 "돈을 쓸 때 써야지. 찔끔~찔끔~"
 생각해 보면 어린 나이에 그런 말이 어떻게 생각났을까. 결국 막내는 원하는 '닌텐도'를 손에 넣었다. 웃음이 나오기도 하지만 가끔 옹색한 나의 내면을 바라보며 막내보다 못한 생각을 하는 건 아닌지 마음 다스리는 화두話頭로 삼기도 한다.

때론 가난과 부족함이 우리를 힘들게 할 때가 있다. 하지만 홀로 일어서는 오뚝이는 떳떳하다.

돈을 쓸 때 써야지. 찔끔~찔끔~. 왜 이 말이 살아가면서 계속 생각이 날까.

051

회색지대

 오후 다섯 시, 놀이터에서 돌아가야 할 시간이다. 어릴 때는 엄마가 찾고 어른이 되어서는 아내가 찾는다. 회색빛 아파트 단지 사이로 어둠이 찾아온다.
 오후 여섯 시, 해가 땅속으로 떨어지고 잠이 들어버렸다. 늦으면 밥도 없고 국물도 없다. 어릴 적도 어른이 되어서도 여자에게 잘 보여야 밥 한 그릇이라도 얻어먹을 수 있다.
 오후 다섯 시와 여섯 시 사이는 오십 중반이다. 직장생활도 놀이터처럼 잘 놀다가 돌아갈 시간이다. 모래밭에서 뒹굴었던 모래알을 털어내고 옛 추억만 간직한 채 돌아서야 한다.
 딸아이가 친정에 다니러 왔다. 요즘은 혼인해도 매서운 시댁살이가 사라졌는가 보다. 서너 달에 한 번씩은 꼭꼭 친정집에 와 자고 가는 걸 보니. 젊은 세대다운 생각이고 행동이다. 내가 아내에게 이렇게 해줬다면 지금쯤 저녁 메뉴가 달라졌을 텐데.
 천지가 검정 물감으로 채색되고 이 별 저 별에서 등불을 켠다. 우리 집 거실에도 등불이 켜진다. 나도 등불 같은 안경을 끼고 책상에 앉았다.
 나이 오십 후반, 이제 나를 돌아볼 시간이다. 직장생활 학력에 놀려 노력했던 시간, 나이 들어 돈에 눌려 발버둥 치던 시간. 회색빛 여유로움이 몰려온다. 얼마 있지 않으면 돌아가야 할 시간이다.

 망설이는 오십이다. 서성이는 육십이다.